律師教您規劃財產、避免受騙、安頓生活、圓滿人生

高年級
法律課2.0

陳佑寰 著

三民書局

二版序

　　本書初版寫作於新冠肺炎疫情期間，幾年過去，我們已脫離居家隔離的陰霾而迎向復甦的光明，但還是得面對生活中的各種風險並繼續攜手向前行。我很榮幸本書獲得二版的機會，除了更新既有篇章之外，也增加了不少內容。持續寫作的同時亦有感於：書本可二版增修，但是人生卻無法重來，更需要好好把握與珍惜！

　　幾年過去，我的父母親更加衰老，回到老家探望時，讓我感觸良多。猶記得父親退休後，每天都待在家裡，一開始母親還很不習慣，覺得被管東管西。但隨著母親年紀老邁，身體狀況越來越差，父親進廚房煮飯與料理家務，反而幫了母親大忙，讓她可以好好休息。也許這就是老伴的真諦，年輕時互相牽絆，年老時則互相陪伴。父親喜歡滷豆干與肉片，親情也跟著入味，除了跟老伴一起吃之外，還會分裝成許多小包放在冰箱留給我們打包帶走。長久以來習以為常的好康卻在幾年前中斷了，我好奇問母親為什麼，她說父親身體狀況變差，背越來越駝，不大能花功夫料理了。看著父親緩慢移動的身影與日漸削瘦的臉龐，我心裡覺得很難過，但嘴巴卻不知如何說出口。

面對老人議題，沒有人是局外人，畢竟我們的父母會變老，而我們自己也會變老。現實生活與新聞報導中常會聽聞各種光怪陸離的家庭驚劇，讓人感慨與家人有機會見面談心的地方竟然是醫院，而惡言相向的處所卻是法院。期盼各位讀者都能在家庭裡用愛心說誠實話，樂活出「家和萬事興」的人生金句。

　　本書二版不僅充實原始內容及附錄，也增加了數個篇章包括：〈包租公婆：吉屋出租要注意哪些事？〉、〈以房養老：如何利用房子的價值來養活自己？〉、〈遺產分割：遺產應如何分配？〉、〈特別的愛：遺產特留分如何保障與規避？〉、〈喪葬費用：推來推去由誰分擔？〉、〈獨孤終老：單身者如何處理自己的遺產與寵物？〉以及〈人生金句：家庭上演爭產驚劇之法入不入家門？〉。特此感謝三民書局提供專業的編輯協助，希望與讀者們一同繼續深耕高齡社會的法律議題。

　　人生這道題目，真的好難！每個人都有不同的解法，需要視個案情狀運用理性與感性，替自己的人生劃下圓滿的句點，也期許本書的二版能對讀者提供更多幫助。

陳佑寰

113 年 5 月

前　言

　　人活在世，勢必會與許多人發生社會關係。而最原始的社會關係，就是血濃於水的家庭關係，這是有情有義的牽繫，卻也可能是有哭有鬧的羈絆。無論是牽繫還是羈絆，終究有一天會分離，是肉身腐壞，也是精神覺醒。

　　在參加親人的喪禮時，回想起前塵往事的點點滴滴，彷彿連成一線，由點而線而面，讓人陷入過往情網。法事進行中的起應對答，則如同與先人對話家常。每一場喪禮，都讓我們重新檢視自己的本來面目以及人生的意義與歷程……。

　　人生大事有哪些呢？每個人基於各自的人生觀與價值觀或許有不同的答案。然而不論如何，上帝是公平的，每個人都須面對死亡，這是人生最後的一件大事。人生之路會歷經生老病死，面對死亡之前，人們大多已走到衰老的晚年歷程，而人死之後，不是做做「法事」就了結身後事。其實人老步入晚年以及死亡之後，很多方面都牽涉到法律，很多「法事」都要提早規劃。

　　我們都會走向死亡，也須面對親人的老邁與死亡。這本書所寫的法事，是與生死有關的法律事務，不是從死亡之後

才講，而是從老人的晚年談起。老人走到人生最後一哩路，為求安度晚年，宜預先進行財產規劃且避免被騙，也應注意生活安頓及死後遺產繼承等事宜，以免引發法律紛爭。

　　謹將這本書獻給曾經指導我的所有前輩，以及辛勤養育我長大而已年老力衰的父母親：陳英裕先生與莊勝足女士。

陳佑寰

110 年 1 月

>>>>>> CONTENTS

第一章
人生下半場的財產規劃

■老當益慎：財產規劃要怎麼做？

　　臺灣已進入高齡社會，必須正視高齡化帶來的問題。長者面臨生活、醫療、安養等需求，都需要錢。窮苦的「下流老人」固然需要國家社會的保護，有錢的「上流老人」也要能自我保護，好好管理畢生累積的財富，小心黑道、白道都在留意誰是有錢的老人。而長者的財產於其死後變成遺產，若未事先妥善規劃，也可能衍生家族爭產糾紛。

💡知識＋

高齡社會

依聯合國世界衛生組織定義，65 歲以上老年人口占總人口比例達到 7% 稱為「高齡化社會」，達到 14% 稱為「高齡社會」，達到 20% 則稱為「超高齡社會」。依政府統計資料顯示，臺灣於 82 年成為高齡化社會，107 年轉為高齡社會，預計於 114 年後邁入超高齡社會。

下流老人

亦即貧窮老人，這是日本學者藤田孝典於《下流老人》（如果出版）一書中所提出的概念，意指有可能過著相當於生活保護基準之生活的高齡者。

銀髮經濟

隨著年齡增長面臨老化現象，使得銀髮族在商品與服務上有其特殊的需求，乃衍生以銀髮族為目標族群的各種商業活動。

◆ 銀髮族被騙與銀髮經濟

長者遭詐騙案件層出不窮花招百出，歹徒挑上有錢的老人，特別是失能、失智者，詐騙他們辛苦大半輩子累積的存款、退休金、保險金。另一方面，高齡化問題也帶來新的銀髮商機，金融業正興起一股「銀髮經濟」的趨勢，向長者提供財富管理、以房養老貸款、安養信託、長照保險等金融服務。然而白道之中卻也有灰道人士披著羊皮詐騙長者錢財，如某些不肖的銀行理專挑上有錢的年長客戶，遊說其將定存解約轉而投資其他理財商品，不僅藉此賺取高額獎金，有的甚至在交易過程上下其手而盜用客戶款項。

長者將錢財放在其名下固然享有掌控權帶來的安全感，但是隨著年紀越來越大身體逐漸老化，恐會有意識不健全甚至失智的病況，此時可能會遭有心人士詐取錢財，而拱手將錢財奉送給他人；或是雖然坐擁房產卻被子女阻止出售，導致籌不出高額醫藥費而活活等死；也有可能被不肖子女假借

聲請監護宣告,而不當處分財產。因此長者對於財產規劃,實有必要未雨綢繆以安度餘生。

◈ 遺產糾紛難平息

長者死後留下遺產給子女,其中價值最大的應該就屬不動產了,特別是為這個家辛苦打拼所買的房子,裡頭有家人相處的共同回憶,讓這看來冷冰冰的建物變成暖洋洋的家庭。然而,這個充滿家人愛的回憶的起家厝若未妥善規劃產權,恐會釀成家庭悲劇。

假設有四名子女因繼承遺產而共有起家厝且無其他繼承人。若這四名子女願意在一個屋簷下生活,應該是父母所樂見,但在現代社會實不容易看到,畢竟子女各自有自己的家庭與工作,很難強求住在一起。社會實況上通常是由其中一名子女長住並兼任祭祀祖先之責,其他子女雖偶爾回家相聚,卻會覺得沒有使用收益,不平則鳴。如果硬是要四名子女住在一起,相處久了,摩擦的機會變多,更容易起爭執。可考慮的解決之道是把起家厝賣掉,或是出租給別人,以均分利益。但對於家產應如何處分與利用,子女可能也有不同意見而滋生紛擾。

◆ 「共有」財產帶來的問題

　　法律上，這四名子女對起家厝之不動產每人應繼分為四分之一，若未能達成分割協議或聲請法院裁判分割，則起家厝為四人公同共有。在這個狀態下，若要出賣不動產只能針對「整個」不動產，不能只出賣自己的應繼分。

　　因為該應繼分只是潛在的應有部分，尚不能自由處分。若要自由處分該潛在的應有部分，則必須另進行遺產之分割，將公同共有的財產變成分別共有，由四名子女各取得四分之一的應有部分。此時，任一子女即可對外出賣其應有部分，不過其他共有人有優先承買權。

知識＋

應繼分

是法律所規定各繼承人可繼承遺產的比例，在沒有遺囑的情況下，就會適用法定比例來分配。

優先承買權

共有人出賣不動產的應有部分時，要先問其他共有人要不要購買，因其他共有人依法有優先承買的權利。

◆ 要賣還是要留？

　　若是要就整個不動產加以出賣，不論是公同共有還是分別共有的狀態，均應該要以共有人過半數及其應有部分合計過半數（但若應有部分合計逾三分之二者，其人數不予計算）之同意才能出賣（參見土地法第 34 條之 1）。而若是仍保留起家厝的產權，但將該不動產租出去再將租金平均分擔，亦不失為家產紛爭解決之道。

　　共有不動產之出賣與出租均採多數決，亦即原則上以共有人過半數及其應有部分合計過半數之同意行之。

　　以四名子女共有起家厝為例，需有三名子女同意採取某特定之出賣或出租方案，才能成就其事。但這其實並不容易，特別是如果四名子女本來就不合，互有嫌隙，又或是涉及都更議題而各有盤算，則更難達成上開同意之門檻。而如果只有兩名子女共有，那就必須兩人均同意。這可能會導致起家厝長期以來由某子女霸佔或閒置荒廢，而不能做最佳利用，不僅造成資源浪費，也辜負父母遺留家產要圈住一家人的美意。更糟的是，各子女將來會再有子嗣，則起家厝的產權會更加細分，人多嘴雜，越晚處理就越難解決家產問題。

綜上，父母生前打拼獲得的起家厝與其他家產，如果希望兒女能共同守護家園並兼顧手足公平，得依繼承制度傳承給子女。惟形式上的公平卻可能導致資源利用的不經濟或是衍生糾紛，父母另可考慮生前即預先做好財產規劃，尋求妥適的分配方式。無論如何，父母老了除了身體要顧之外，也要運用智慧處理好這些生不帶來死不帶去的人間財富。

法律參考工具

共有物的管理

出租利用屬於共有物的管理 （參見最高法院 100 年度台上字第 1776 號民事判決），不論是公同共有還是分別共有的狀態，應以共有人過半數及其應有部分合計過半數 （但若應有部分合計逾三分之二者，其人數不予計算）之同意行之 （參見民法第 820 條第 1 項與第 828 條第 2 項）。

二 一宅三生：起家厝怎麼分給子女？

一宅三生，雖然每個人只有一回生命，但一宅的家人有老中幼三代，或長或短都曾在起家厝生活著。一個屋簷下，三種生命歷程彼此關照著。

父母留下起家厝是一番美意，如果子女團結一心守住家產，固然可喜，起家厝則發揮類似祭祀公業的作用，成為家族的公共中心，互相加油，和氣生財。然而家家有本難念的經，子女不和者，事所恆有。父母好心留給後代的起家厝也可能衍生糾紛，若能在生前預先規劃，透過遺囑、生前贈與或信託等方式，可避免後代爭權奪利撕破臉。

◆ 遺囑規劃

父母可考慮將未來可能分散的產權集中過戶給某子女，避免財產共有。若是以遺囑為之，當遺產很多時，固然可以將各個財產分別歸屬給各子女以發揮經濟效率並求其公平，例如起家厝分給某子女，其餘財產分給其他子女，均為個人單獨所有；但若遺產只剩下起家厝或少數特定財產，用遺囑指定應繼分或是遺贈的方式處理則可能會衍生特留分的糾紛，也就是沒有分到或分不夠遺產的法定繼承人會主張其特

留分（子女之特留分為其法定應繼分之二分之一）而另起爭
訟。

💡 知 識 ➕

特留分

將應繼分中的特定比例保留給各法定繼承人，即便被繼承人
透過遺囑分配財產，各繼承人最少也可分得該特定比例的財
產數額。可參考第四章的「七、特別的愛：遺產特留分如何
保障與規避？」

◆ 生前贈與

為避免日後之遺產糾紛，父母可考慮以生前贈與的方式
將起家厝移轉到某子女名下。由於該子女因受贈而取得產權，
該財產等到被繼承人（即父母）死亡時已經不是遺產了。惟
為避免父母因失智或容易受騙而遭不肖子女設計為贈與行
為，宜妥善利用監護宣告制度以保護長者的財產安全。

另外應要注意，如果是因為結婚、分居或營業所為之特
種贈與，法律上會認為這是先把遺產付出去了，所以要將該
贈與價額從該繼承人的應繼分中扣除（又稱歸扣，參見民法
第 1173 條）。

實務上有為規避贈與稅，而將不動產贈與改以買賣名義

為之但卻無金流往來（即假買賣真贈與），惟此舉將妨害地政機關登記之確實，恐涉犯使公務員登載不實罪，不可輕忽。

　　另有父母生前以無償方式將財產移轉登記至某子女名下，等到過世後，子女會對該移轉行為是借名還是贈與起爭執，如果認定是「借名」，則借名人應返還該借名財產給全體繼承人作為遺產再重新分割（參見最高法院 99 年度台上字第 1652 號民事判決）。

> 💡知識+
>
> 監護宣告制度
> 可參考第三章的三、監護宣告：怎麼保護失智的長輩？
> 借名登記
> 可參考第一章的六、借名安排：將房子登記在子女名下安全嗎？

　　很多父母會擔心把財產贈與給子女之後，就失去保障而被棄養，故想要保留相當之控制權。基此，就生前贈與，父母亦可與受贈子女有明白表示或約定：其於父母在世時需承擔主要的扶養義務，且在父母過世後應要負擔祭祀之責。若是該子女獲得產權過戶後卻反悔棄養父母，父母可依民法第 412 條或第 416 條規定撤銷贈與。

◆ **信託管理**

父母亦可考慮採用信託制度，例如將起家厝交付信託，由專業受託人成為起家厝之名義所有人，如此則產權集中易於管理，於父母在世將起家厝供父母居住，或出租後將租金供長輩安養之用，當父母死亡之後則以扶育子女為重，將租金收益分配給後代，等到適當時機再分配財產，以共存共榮。如此一來，即使父母人老死去，亦彷彿能從墳墓裡伸出手來繼續掌控財產的管理，此「死人之手」可讓家產富過三代永續經營。

綜上，起家厝不僅具有房子 (House) 的經濟意義，更寓有家庭 (Home) 的精神意涵。由子女依法律平均繼承父母留下的起家厝，看似分配公平且維繫家人關係，卻可能因為子女意見分歧而難以有效利用。長者實有必要考量在生前預先規劃以免死後留下爭議。

法律參考工具

明白表示贈與要當作遺產的一部分

若被繼承人明確表示以贈與特定財產來預付遺產，實務上有認為得類推適用民法第 1173 條而歸扣 （參見臺灣高等法院高雄分院 98 年度家上字第 20 號民事判決）。

附限制的贈與

實務上亦存有一種家產安排方式：父母生前將名下財產「贈與」其子女或家屬，但仍保留該財產之管理、使用、收益之權限，待父母過世後，始由該財產之名義所有人（即子女）取回管理、使用、收益之權限。法院認為上開附限制之贈與並非「借名」登記契約。因為借名登記契約之出名者，就該財產僅為登記名義人而不是實質所有權人，而附限制之贈與契約的登記名義人則是該財產之實質所有權人，只是其就受贈之財產在約定的範圍內就管理、使用、收益之權限受有限制而已（參見臺灣高等法院 104 年度上字第 1060 號民事判決）。

三 財產信託：怎麼讓安養用錢沒煩惱？

老人面臨生活、醫療、安養等需求，都需要錢，若能善用信託制度，將部分財產移轉給可信且專業的受託人管理，實有助於晚年身體安養與死後財產繼承！

◆ 信託帶來的安全保障

長輩將錢財放在其名下固然享有掌控權帶來的安全感，但恐會有意識不健全甚至失智的病況，此時可能會遭有心人士詐取錢財，而拱手將錢財奉送給他人；或是雖然坐擁房產卻被子女阻止出售，導致籌不出高額醫藥費而活活等死；也有可能被不肖子女假借聲請監護宣告，而不當處分財產。

因此長輩實有必要未雨綢繆以安度餘生，可考慮在自己意識清醒時將部分財產交付信託，供未來生活、醫療及安養所需。此外，長輩即使家財萬貫，一旦過世撒手人寰，終究對錢財失去控制力，但如果子女年紀尚輕或是浪費敗家，再豐厚的遺產也很快就會付諸東流。有錢的長者若能預先規劃將財產信託，由專業的受託人管理信託財產及妥善分配利益，將有助於家產永續經營。

◆ 什麼是信託？

「信託」是管理財產的一種制度工具，由委託人將其財產移轉給受託人成為信託財產，受託人則負責管理信託財產，並分配信託利益給受益人。信託財產從委託人的財產獨立出來，可避免遭到他人不當詐騙、挪用或是聲請法院強制執行，也會與受託人的固有財產區隔以進行管理。信託在實務運作上可靈活運用，許多金融商品及不動產開發案即是以信託為基礎來設計，亦可應用於家產管理。

在家產傳承實務上，長輩固然可以運用生前贈與及死後繼承的方式來進行財富的世代移轉，但又擔心一旦生前贈與，子女拿到錢財後就不管父母死活了，而死後繼承也可能被子女浪費揮霍而很快就敗光家產。

為了有效控管財產，可善用信託制度讓長者安養天年以及將家產傳承給後代。許多金融業者也紛紛投入銀髮財產信託這個領域，將信託財產進行管理運用，讓一灘死水的財產變成既安全又有動能的活水。

◆ 經濟保障金字塔

老人經濟安全有三層保障，類似一座金字塔。最基礎的第一層是政府所提供的社會保險，如勞保、農保及國民年金

等；第二層與職業領域有關，由企業提供的退休金或是政府提供的公務人員退休金；第三層是個人自己儲蓄、保險或投資形成的保護傘。「下流老人」主要仰賴第一層保障，一般長者主要是靠第一、二層，以及微薄的第三層，「上流老人」則還有豐厚的第三層做靠山。然而這些金山銀山，卻可能吸引各路的黑道、白道前來挖礦掏金。

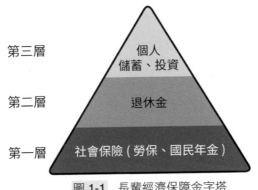

圖 1-1　長輩經濟保障金字塔

◆ **長輩生前的安養信託**

　　上流老人的財富累積固然越來越多，越老越有智慧，但不容諱言有些老人的心智卻是越來越弱。在高齡社會中，失智人口增加，因失智而失財甚至失蹤的老人更讓家屬擔憂。失智老人若未經法院為監護宣告，很可能被外人詐騙錢財；而即使經監護宣告，也可能被別有居心的監護人不當處分財產。因此，老人在自己神智清楚時可預先將部分財產信託給

銀行或其他專業的信託業者進行安養信託，由受託人就信託財產進行保守穩健的投資管理，並就信託利益供長輩晚年安養所需，包括日常生活支出、安養、醫療等費用之用，可防止遭他人詐騙與子女爭產。

◆ **監護信託**

　　長輩若能預先規劃信託，即使將來被監護宣告，仍能受信託財產繼續照顧。惟若未預先規劃，等到意識不清甚至失智時，已無能力憑己力安排信託事宜，而若老人被法院監護宣告，又怕親屬監護人中飽私囊。基此，信託公會乃倡議引進日本的監護信託制度，亦獲金管會支持，此係法院於現行的親屬監護人外，另增加選任專家監護人，由其調查審酌受監護人的財產與生活狀況，如認為適合則向法院建議將受監護人的財產交付信託，以照顧受監護人的生活與管理其財產。

　　「監護信託」制度立意良善，雖尚未立法，惟現行司法實務在許可監護人行為的聲請案件，已有法院准許監護人處分受監護人的財產時，亦一併要求應將所得款項匯入以受監護人為戶名的信託帳戶內，以供照顧受監護人生活開銷需要（參見臺灣臺北地方法院 106 年度監宣字第 651 號民事裁定），可說是司法促進式的監護信託。此外如失智老人經法院為監護宣告，其監護人與家屬討論後，亦得選擇將其財產交

付信託，此即自發性的監護信託。可見信託與監護的結合，應有助於確保長輩財產的安全及安養所需。

┌─────────────────────────────────────┐

💡 知 識 ＋

信託 2.0

為因應高齡及少子化趨勢 ，金管會於 109 年 9 月 1 日在其官網發布信託 2.0「全方位信託」推動計畫（參見書末附錄 A–15），改變以往過於偏重理財信託的現況，致力於發展為客戶量身訂作之全方位信託業務，期能以有溫度的金融工具改善人類生活。

信託公會亦積極推動信託業辦理高齡者及身心障礙者信託業務（參見書末附錄 C–1），不僅製作各種說明手冊，也研擬安養信託等契約範本。

辦理信託業務的諸多金融機構則提供多樣化的安養信託服務，亦結合保險、以房養老、監護等機制，提供多元化解決方案以協助高齡者安養及活化與確保其資產安全。

└─────────────────────────────────────┘

◆ 長者身後的財產信託

「老子有錢」雖然令人稱羨，卻也可能因後代不善理財或奢侈浪費而很快就散盡家財；也可能因爭產不休對簿公堂搞得整個家族籠罩在一片烏煙瘴氣之中。有錢的長者若能善用信託制度，即使人已死去，亦彷彿能從墳墓裡伸出手來繼

續掌控財產的管理，此「死人之手」可讓家產富過三代永續經營。例如將起家厝及其他不動產交付信託，產權集中易於管理，另將租金收益分配給後代，以共存共榮。又如將龐大的金錢資產交付信託，本金為母長期保本，而將利息與投資收益分配給後代。對於家族企業，可將股權交付信託，股利則分配給後代，避免股權細分而喪失經營權。

　　長者就財產之信託可在生前以信託契約預先規劃，使財產在其死亡之前能先以長者安養為優先，死亡之後則以扶育子女為重，等到適當時機再分配財產。長輩亦可以遺囑方式單方進行遺囑信託，於死亡時發生效力。如果要將財產做公益使用，也可以契約或遺囑方式設立公益信託。

知識＋

公益信託

公益信託是以慈善、文化、學術、技藝、宗教、祭祀或其他以公共利益為目的之信託，信託法設有公益信託專章。公益信託之設立須由受託人向目的事業主管機關提出申請許可，例如以社會福利為目的之公益信託，應向衛福部申請。此外，公益信託須設置信託監察人以監督信託業者是否有依照信託目的管理運用資金。受託人應每年至少一次定期將信託事務處理情形及財務狀況，送公益信託監察人審核後，報請主管機關核備並公告之。

公益信託運作實況

臺灣許多大家族會以公益信託作為財產規劃與公益事業之用。舉例而言，臺灣塑化界兩大龍頭「北台塑，南奇美」，都有成立公益信託。台塑企業創辦人王永慶、王永在兄弟及家族成員提供財產成立「王詹樣社會福利慈善基金會」、「慶寶勤勞社會福利慈善事業基金會」、「公益信託王長庚社會福利基金」、「公益信託王詹樣社會福利基金」及「公益信託慶寶社會福利基金」，投入各項公益事業。前二者之基金會乃係傳統之財團法人型態，後三者則係公益信託模式，不須另外成立法人組織，而係由受託人管理、處分受託財產。至於奇美集團的創辦人許文龍則以母親之名成立「羅銓教育公益信託」，其宗旨之一則為捐助設址於臺南市的博物館、美術館，或其他藝術、文化教育相關機構營運之經費，以提升臺灣南部地區的文教藝術水準。

　　長輩若不信子女信專家，可善用信託制度以確保財產的安全與有效運用，也應慎選受託人。財產信託固然應以具有專業且信譽卓著的金融機構或信託業者為首選，亦應留意信託財產的管理還是要符合預設目的，不宜讓受託人進行高風險的投資，以免導致信託財產本體受到不當的侵蝕。信託是以信用與信任為根本，若所託非人，未蒙其利，恐先受其害，那就有違財產信託的初衷了！

四 包租公婆：吉屋出租要注意哪些事？

現今社會裡，很多房屋的所有權人其實是老年人，畢竟辛苦工作打拼一輩子，累積相當積蓄得以買房，還可以租房養老增加被動收入，當個快樂的包租公與包租婆，但也要提防租賃糾紛，以免得不償失。

江爺爺是包租公，何奶奶是包租婆，因出租的房屋在同個社區，每月收租的時候經常遇到，久而久之就變成朋友了。兩個老人家見面時除了閒話家常聊聊子孫的事，也會討論租屋遇到的疑難雜症。最近江爺爺跟何奶奶抱怨，他的房客已拖欠 2 個月的租金，還求情說等找到新工作就立刻補繳。何奶奶則提及先前她的房客租約到期後，卻不搬走物品，她進去清理雜物，竟被對方說涉嫌偷竊與毀損，好在雙方後來和解了事。江何二老均屆遲暮之年，有房屋可以收租令人稱羨，但遇到租賃糾紛可就傷腦筋，更白髮蒼蒼了。

◆ 租房糾紛頻傳需要法律保護

吉屋出租本是美事，如發生租賃糾紛而上了法院，對房東與房客來說都不是一件好事。

以實務上常見的租房糾紛為例，有惡房客長期霸占租屋不還，或是搬遷後留下慘不忍睹的屋況；也有惡房東以各種暗黑手法坑房客，例如擅闖或監視房客房間、租屋設備壞了不修、提早解約趕人、亂漲房租、亂扣押金、水電費收太高、不讓房客報稅或遷入戶籍等。

租賃關係主要依據是當事人之間所簽訂的租賃契約，因此須重視契約內容所涉及的權利義務，但不是每個當事人都有能力、精神仔細擬定與審閱契約，尚有賴法律的補充與調整。規範租賃關係最基本的法律，是民法第 421 條以下關於租賃的規定。值得注意的是，為健全租賃住宅市場、保障租賃當事人權益及發展租賃住宅服務業，制定了「租賃住宅市場發展及管理條例」（簡稱：租賃住宅專法），已於 107 年 6 月 27 日施行。租屋市場進行五大變革，包括：1.租賃契約全面加強規範雙方權利義務；2.成立房客（房東）協會提供諮詢服務；3.政府免費爭議調處；4.建立包租代管專業服務制度；5.房東交由專業租屋可享租稅優惠等。

關於租約雙方的權利義務，租賃住宅專法明訂：房客押

金不得逾 2 個月租金總額，且保障租約消滅時退還押金；房東應說明負責修繕項目，未於期限內修繕得由房客自行修繕並請求償還費用；如發生特定情事，得由房東或房客主張提前終止租約等規定。

租賃住宅專法後續修法後，亦明確規定租賃契約的房東與房客間視為具消費關係，適用「消費者保護法」相關規定，從而住宅租約受到定型化契約規範，諸如：1.訂立定型化契約前，應有 30 日以內之合理期間，供消費者審閱全部條款內容；2.定型化契約中之條款違反誠信原則，對消費者顯失公平者，無效；3.主管機關得選擇特定行業擬訂及公告其定型化契約應記載或不得記載事項；4.違反主管機關公告之定型化契約，其定型化契約條款無效；5.主管機關公告應記載之事項，雖未記載於定型化契約，仍構成契約之內容等。

內政部訂立之「住宅租賃定型化契約應記載及不得記載事項」，可供民眾訂立租約之參考並確保租賃之公平合理，如房屋租約記載房客不得遷入戶籍、房東預收超過 2 個月租金的押金、或是房客如遲繳租金 10 天房東即得終止租約等條款均屬無效。

◆ 房客拖欠租金怎麼辦？

房客如果拖欠租金，房東可先善意溝通催繳，或許房客

只是一時疏忽或暫時周轉困難，可能很快就能補繳，而與房東繼續維持友好關係。但如果房客拖欠租金，屢催不理，則應需要提高警覺。如果房客遲繳達 2 個月的租金額，房東得定相當期限催繳，如仍未獲支付則可提前通知終止租約。租約一旦合法終止，房東自得要求房客遷出並歸還房屋。

依租賃住宅專法第 10 條規定（民法第 440 條亦有類似的規定），房客遲付租金或費用，達 2 個月之租額，經定相當期限催告仍拒繳，房東得檢附相關事證，以書面通知房客於 30 日期限終止租賃契約。

基此，房東須注意三個時間的掌握：1.房客遲付租金須達 2 個月；2.需先定相當期限（如 7 日）催繳；3.發終止租約之書面通知到達房客後 30 日，租約才終止。房東如果沒有注意上述三個時間之掌握，則終止租約恐不合法。

以江爺爺遇到房客拖欠租金超過 2 個月為例，江爺爺可通知房客於 7 日內補繳，如仍未補繳，則以書面通知表示租約於函到 30 日後終止，請房客屆期搬遷。書面通知以存證信函寄發為宜，至於一般性的通知以手機簡訊發送亦可。

◆ 租約到期遺留物不搬怎麼辦？

租約到期或是提前終止後，如果房客在房屋內尚有遺留物未搬離，對房東會造成困擾，畢竟該物品是房客的，如果

處理不當可能遭控竊盜或毀損。房東可考慮預先在租約特別約定：租約終止後未搬離之遺留物視為拋棄所有權，任由房東處理，因此衍生的處理費用由房客負擔，得由押金扣除。

倘若租約對遺留物的處理並無特別約定，依租賃住宅專法第 12 條規定，租賃契約消滅時，租賃住宅之返還，應由租賃當事人共同完成屋況及附屬設備之點交。一方未會同點交，經他方定相當期限催告仍不會同者，視為完成點交。前項點交後尚有遺留物，除租賃當事人另有約定外，經房東定相當期限催告仍不取回時，視為拋棄其所有權，其所需處理費用，得由押金扣除，押金不足者，房東得請求房客給付。

以前述何奶奶遇到房客不搬走遺留物為例，如果租約沒有特別約定，何奶奶可先通知房客，於 7 日內會同點交房屋，如房客不會同點交尚有遺留物，何奶奶則需再通知房客，於 7 日內取回遺留物，如房客仍置之不理，則視為拋棄其所有權，且所需處理費用得由押金扣除。

◆ 租約公證以防萬一

對於房東來說，出租房屋最擔心的應該就是房屋能否順利收回。如果房客於租約到期不搬走，房東固然得提起返還房屋的訴訟，等到官司打贏且收到確定判決書，方能以其作為執行名義聲請法院強制執行，卻需要支出相當勞力、時間

以及費用且緩不濟急。未雨綢繆的解決方案是預先將租約辦理公證，可洽請當地附近的民間公證人製作租約的公證書，將來如發生房客於租約到期不搬走的糾紛，則可直接憑該公證書聲請強制執行，不用先打官司。

公證法第 13 條規定的公證書與房屋租賃相關的有兩種類型： 1.租用建築物定有期限，並應於期限屆滿時交還者，也就是房客應返還的房屋； 2.以給付金錢為標的者，如房客欠繳的租金、費用等，以及房東應返還的押金。當事人得請求公證人就租約作成公證書並載明「應逕受強制執行」，即得依該公證書執行之。值得注意的是，租約公證雖可預防萬一，但並非萬能，例如就租約提前終止而應返還房屋的類型，並非可得公證的範圍。

老年人出租房屋最怕遇到租賃糾紛而傷腦筋，最好的預防方式就是租給對的人，發生糾紛的機會就能降低，或是將房屋交由專業的包租代管公司處理，省得管理上的麻煩。因此在洽談出租事宜時，老年人最好能在親人陪同下與有意承租者訪談，了解其身分、工作及背景，充分溝通彼此想法，再簽訂公平合理的租約並確實依約履行，期能租事大吉！

五 以房養老：如何利用房子的價值來養活自己？

「有土斯有財」是東方人傳統的財產觀念，土地上坐落的房子則是家人最大的靠山。很多人一輩子辛苦打拼，就是希望能擁有屬於自己的房子，一家人住在一個屋簷下才有家的感覺。老人打拼一輩子，將房子留給子女之前，當然有權住在自己的房子，而為了過生活，手頭還是要有錢才好。

老莊是個獨居老人，妻子罹癌先走了，獨生子小莊則在外縣市成家立業。老莊現在住的地方是跟妻子一起奮鬥攢錢買的房子，雖然存款不多，但加上小莊按月給的生活費，日子勉強還過得去。近來小莊有了小孩，給老莊的生活費有一次沒一次的，老莊看小莊事業與家庭兩頭燒，住的房子也是租來的，不好意思跟小莊開口要錢。老莊盤算著往後的生活，總得有錢在身，以支應日常生活所需，清點自己的財產，最有價值的就是現在住的房子了。房子是不動產，但可不能真的不動如山，畢竟房價上千萬，也要想方設法變現利用，然而到底要怎樣才能活化房子來養活自己呢？

◆ 廣義的「以房養老」是什麼？

老人名下的主要財產如果是房子，具有很高的經濟價值，雖不如存款具有高度的流動性，但仍然可以想辦法將房子變現來供應老人日常所需資金。廣義的以房養老至少包括三種方式：「賣房養老」、「租房養老」以及「押房養老」，各有優缺點，端視老人需求與個案狀況而定。

「賣房養老」是指，老人將房子賣掉，以所得來養老，這是將房子變現最直接的方式。老人可以賣掉房子，改為購買（或承租）較小且便宜的房子居住，並用剩下的資金來養老。不過要留意買賣時，可能被誘騙而低價出售。此外，老人一下子拿到一大筆錢的風險很高，因為可能會遭有心人士巧取豪奪，或投資不適合的金融商品而虧損殆盡。即使老人保守持產，而將這筆錢存在銀行或放在家裡，但若是沒有善加投資理財或買房置產，隨著經濟局勢變化與物價上漲，這些不動的死錢可能都會變薄，而很快就不夠用了。

「租房養老」是指，老人將房子出租給別人以收取租金來養老。如果老人還有其他房子，當然可以出租其中幾間房子收租金來養老，當個快樂的包租公或包租婆。如果只有一間房子，也可以隔出一部分空間出租給別人，有租客入住陪伴比較不會寂寞。老人亦可考慮將整個房子出租後，拿收到

的租金去租一個比較小的房子，剩下的錢則可作為生活費之用。不過要留意出租房子的管理事務其實很繁瑣，未必有精力來處理房子修繕、催繳租金及租賃糾紛等事情，也可能會遇到千奇百怪的房客，小心引狼入室得不償失。

「押房養老」則是指，老人將房子拿去向銀行抵押以借取金錢來養老，老人仍然保有房子的所有權，可以繼續住在自己的房子並且拿借到的錢來養老。接下來提到的「不動產逆向抵押貸款」即是屬於押房養老的一種型態。不過老人要留意天下沒有白吃的午餐，跟銀行借來的錢終究是要還的，否則房子將來可能會被銀行向法院聲請拍賣。

◆ 逆向抵押的以房養老

實務上所謂的「以房養老」屬於狹義的類型，是指由銀行提供給老人的「不動產逆向抵押貸款」。也就是老人將其所有的房子抵押給銀行借錢，銀行則在一定期限內，按月分期給付借款本金給老人，作為其家庭生活安養所需資金，利息則分期扣減或掛帳，等到借款期限屆至或老人過世時，再辦理還款事宜。這種貸款有別於一般順向型的不動產抵押貸款模式，也就是民眾以不動產向銀行辦理抵押後，可先拿到一大筆借款，日後再分期償還本金與利息。從時間上來看，逆向型與順向型的不動產抵押貸款的金流方向是相反的。

　　逆向抵押的以房養老，好處是老人保有對房子的所有權與使用權，仍然可以住在自己安身立命的房子，而且可以每月持續自銀行領取日常生活所需資金，讓動不了的房子活化變現，而為老人養老所用。也許有人會問：為何老人不用順向抵押的方式，將房子抵押給銀行後，直接借出一大筆錢再慢慢用？這是因為老人通常已退休沒有收入，不大容易獲得銀行核貸，而老人一次領一大筆錢走，也會有理財不當或遭他人覬覦侵奪的風險。

　　以房養老逆向抵押貸款，對銀行來說並不是一門好賺的生意，這其實是政府鑑於高齡化與少子化的趨勢，而推動的養老政策的產物，期能以有溫度的金融工具解決老人晚年生活問題。依修正後的老人福利法第 14 條規定，金融主管機關應鼓勵金融業者提供商業型不動產逆向抵押貸款服務。自 104 年以來陸續有銀行加入提供以房養老逆向抵押貸款的服務，主要還是以公股銀行如合作金庫、土地銀行、華南銀行等承辦較多案件。

　　例如合作金庫便推出「以房養老——幸福滿袋貸款」（參見書末附錄 C-8），其主要條件如下：

貸款對象	年滿 60 歲票債信正常且具完全行為能力之本國自然人
貸款額度	依本行授信擔保品鑑估規定辦理，首次最高可貸 7 成
貸款利率	① 分段式：前 2 年 2.213% 起，第 3 年起 2.513% 起（依本行現行指標利率浮動計息）。惟貸款期間須 10 年以上方得適用分段式計息 ② 一段式：2.483% 起（依本行現行指標利率浮動計息）
撥款方式	採平均法按月定額撥付
擔保品	提供借款本人單獨所有之完整建物及其基地

圖 1-2　合作金庫：以房養老——幸福滿袋貸款

這邊舉一個例子，假設老莊向銀行申辦以房養老逆向抵押貸款，且其房子經銀行認定價值約為 1 千萬而核貸 720 萬，貸款 20 年，年利率為 2.52%，按月分為 240 期 (20×12)，則老莊每月可領 3 萬元（720 萬 /(20×12)），這是銀行按月給老莊的分期借款本金，累積到 20 年的借款本金總額為 720 萬元。至於老莊第 2 期應繳的利息則為每月 63 元（3 萬 ×2.52% / 12），之後每期應繳利息會隨借款本金增加而增加，銀行會於每月分期給付借款本金 3 萬元中扣除應繳利息再給付給老莊，因此老莊每月實領金額會逐月減少，但銀行通常會約定利息扣繳上限（即不超過每月撥付本金的三分之一），其餘則掛帳，故仍會有穩定的現金流。

① 價值約 1 千萬，核貸 720 萬
② 貸款 20 年（240 期），年利率 2.52%

老莊

① 每月可領 3 萬元
② 第 2 期應繳利息：每月 63 元（3 萬×2.52%/12）
　※ 每期應繳利息隨借款本金增加
　※ 銀行會於本金中扣除利息再給付，但通常不超過本金三分之一

圖 1-3　以房養老逆向抵押貸款試算

　　由上可知老莊每個月自銀行拿到分期的借款（扣除利息），期限屆至再償還一大筆本金與未付利息。這種金流方式跟傳統的「順向性型抵押借款」是客戶先從銀行拿到一大筆本金，再按期返還本金與利息的金流方式剛好相反，所以稱為逆向抵押貸款。有申辦需求的老人可向多家承辦銀行諮詢，並索取本息攤還試算表，有助於了解及規劃設計適合自己需求的以房養老方案。

◆ 父母子女的家事溝通

　　老人選用逆向抵押貸款以房養老，要注意與子女好好溝通，因為當貸款期限屆至或老人過世後，銀行有權依約要求

返還借款的本金及未付的利息，如未獲償還，銀行則得依法申請法院拍賣房子取償。

　　持平而論，房子原來就是老人的財產，而用自己的房子來償還自己為生活資金而借貸的債務，當屬天經地義之事。

然而子女可能早就等著接手父母的房子，未成家前跟父母一起住，即使被稱為啃老族也不以為意。而在父母年老後即使分居，仍認為房子將來可繼承取得，沒想到不動如山的房子竟會不翼而飛，不論事先知情或事後得知，都可能會在家人之間引起很大紛爭。此時不妨坐下來換位思考：子女本來也有扶養父母的義務，就像當初父母拉拔子女長大一樣。如果父母老了，子女能善盡扶養義務，父母自然沒有必要把房子抵押給銀行來養老。而如果子女扶養父母有困難，則父母自立自強拿自己的房子來養老，不去麻煩子女，也是不得不的選擇。更何況世風日下，現今社會還有子女完全不顧父母，任其如老葉凋零，因此父母「以房養老」其實是「養老防兒」呀！

　　有錢老人並不太需要以房養老，因為其銀行存款與投資理財所得即可用來養老。需要以房養老的老人通常手邊沒有充裕現金或存款，但名下仍有房子可住。在前面故事裡的老莊體諒小莊還要照顧妻小，如果選擇逆向抵押貸款以房養老，則可減輕彼此的負擔。倘若小莊日後經濟狀況好轉且想要保

有老莊留下的房子，亦可直接還款或是借新還舊，讓老房繼續留在莊家！

六 借名安排：將房子登記在子女名下安全嗎？

　　父母名下的財產不僅是老年安養的保障，也會成為將來繼承的財產。而實務上亦常見父母很早就把辛苦賺錢買來的不動產登記在子女名下，有些也會以子女名義開銀行帳戶與買賣股票，這就是民間習慣上常見的親屬間「借名」。然而父母很少會用白紙黑字與年幼的子女簽訂借名契約，等到子女長大之後，有可能認為在他們名下的財產就是父母贈與的，而既然自己是所有權人，就可自由出賣處分。又或是等到父母過世後，有些繼承人會主張某些子女名下的財產是父母借名的，故要求應將該財產納入遺產來分配。俗話說「清官難斷家務事」，實務上的借名爭議常常是各說各話，難以獲得圓滿的解決。

◆ 什麼是借名？

　　所謂借名，乃當事人約定，一方（借名者）經他方（出名者）同意，而就屬於一方現在或將來之財產，以他方之名義，登記為所有人或其他權利人，該出名者僅為名義上之所有權人，實質上仍由借名者享有該財產之使用、收益及處分權，並負擔因此所生之義務（參見最高法院 104 年度台上字第 1570 號民事判決）。

◆ 為什麼要借名？

父母借用子女的名義作為財產的名義所有人，可能是為了將財產適當配置以分散風險（如防止被債主聲請強制執行，或是怕被別人說很有錢而覬覦財產），又或是把子女當成理財工具，也可能是抱持著傳統家長掌權的觀念把子女當人頭，

父　　　　　　　　　　子

登記

實際管理　　　　　名義上權利人／
使用收益　　　　　所有人

借名者　　　　　　出名者

圖 1-4　借名制度

連原因都說不清楚。子女年紀還小時對於父母把財產放在自己名下，未必知情，就算長大後知悉，也不大會有什麼意見，畢竟是增加自己名下的財產，有富爸爸真好，哪還會去爭執。

◆ 借名的法律問題

然而不管是父母在世時要拿回借名的財產，或是父母過世後繼承人爭取要把借名的財產返還為遺產，都會遇到共同的法律問題：當初父母將財產移轉登記至子女或他人名下，真的是借名嗎？難道不是贈與或其他事由嗎？

法院認為：「借名登記」之成立側重於借名者與出名者間

之信任關係，在性質上應與委任契約同視（參見最高法院 98
年度台上字第 990 號民事判決）。

委任契約

規定在民法第 528 條，是當事人約定，一方委託他方處理事
務，他方承諾處理的契約。像是委任律師打官司、委任醫師
開刀治療、委任房屋仲介代為銷售房屋等都是。

◆ 避免借名爭議的方法

　　通常父母與子女並不會簽訂借名契約，要主張借名關係
存在，需提出諸多間接證據證明：父母即使將財產移轉給子
女，惟該財產仍由父母自己管理使用收益，例如父母保有不
動產之所有權狀、繳納房屋土地相關稅捐、收取租金等事證。
若無法證明借名關係存在，則父母將財產過戶至子女名下之
舉，很可能被認定為贈與。為預防借名爭議，借名人可考慮
與出名人簽訂借名契約，甚至將借名契約辦理公證，但實務
上對於借名契約能否辦理公證仍存有正反兩說的歧異而認為
需視具體個案作判斷（參見司法院 105 年公證實務研討會法
律問題提案第 8 號）。另一權宜之計是由借名人自行或在見證
人面前製作載明借名意旨之聲明書，但其證據力如何，則見

仁見智。

值得一提的是，即使父母生前將財產移轉到子女名下，且仍對該財產為管理使用收益，卻還是可能不是借名關係，而是附限制之贈與，亦即基於傳統家產規劃理念，由父母在世時仍就借名予子女之財產保有管理使用收益之權，等到父母過世後才由子女終局地取得該借名財產。

◆ 出名人擅自將借名登記之不動產賣掉了，怎麼辦？

若借名人與出名人就特定不動產成立借名登記關係，出名人未經借名人同意，將該不動產所有權移轉登記予第三人（例如出名之子女擅自將父母借名之不動產出售予第三人），其處分行為效力如何？

法院認為這樣的處分還是可以成立的，因為出名人已登記為不動產的所有權人，而借名登記的契約是出名人與借名人間的內部約定，並不會影響到第三人。

◆ 出名人違反借名契約，還是有責任

雖然出名人出賣借名之財產是有權處分，但該行為畢竟是違反借名契約，借名人得終止借名契約並向出名人請求返還該借名之財產，若出名人因擅自處分該借名財產而無法返還，借名人亦得依民法第 226 條第 1 項向出名人請求損害賠

償（參見最高法院 104 年度台上字第 357 號民事判決）。此外，出名人擅自處分借名財產之行為也可能涉犯刑法的背信罪（刑法第 342 條，參見臺灣高等法院 106 年度上易字第 2648 號刑事判決）。

◆ 繼承官司的借名爭議

實務上許多名人死亡後就其生前財產的處分常涉及借名爭議，如臺灣青果大王陳查某、臺南幫元老侯雨利等。又如臺灣醫學之父杜聰明之遺產爭訟即纏訟數年，且為了生前之財產移轉是否為借名而爭執不休（參見最高法院 105 年度台上字第 963 號民事裁定）。

綜合法院實務見解，繼承人欲對父母生前移轉給某子女或外人的財產主張為借名關係，而主張應歸入遺產來繼承分配，須注意以下幾點：

1. 準備好證據
提出父母生前對該財產確有自己管理使用收益之事證，主張具有借名契約關係存在。

2. 請求返還借名財產的權利
父母死亡時，借名之委任關係即因借名人死亡而消滅，故由繼承人繼承取得對出名人之借名財產返還

請求權，此屬於公同共有債權，應共同請求返還借名財產或賠償損害予全體繼承人（參見最高法院104 年度台上字第 481 號民事判決）。

3. **需先要回借名財產，才能分遺產**

借名的財產係登記在出名人名下，並非即為借名人死亡之遺產。為分割遺產，可將借名財產返還請求權列入遺產範圍而請求分割，或是先向出名人請求返還借名財產而登記為公同共有，再列入遺產範圍而請求分割（參見最高法院 99 年度台上字第 1652 號民事判決）。

◆ **妥善安排借名事宜**

誠如法院處理借名爭議案件所闡述（參見臺灣高等法院104 年度上字第 1060 號民事判決），父母於生前將名下之財產預為規劃，而將之預先分配予子女或其家屬，已漸成現今社會之常態。此在具一定資力之父母為避免因死後遺留之財產遭課徵遺產稅之賦稅問題，而於生前預為規劃，尤屬常見。是以，父母於生前預為規劃並分配名下財產，其原因與目的多端，或為避免遺產稅之賦稅問題，或為公平分配其財產，或為照顧非屬法定繼承人之家屬，或為避免因其死後，於繼

承人或家屬間產生繼承之紛爭等不定。又父母於生前將名下
財產預為規劃並分配予子女或家屬，其態樣多重，其間之法
律關係，或為贈與、或為信託、或為借名登記等，不一而足。

　　因此關於父母生前就其財產之借名安排，建議如父母擬
以借名登記方式來規劃財產之配置，最好還是在生前就說清
楚講明白，且留下確實之證據，以免子女與出名者在父母死
後對簿公堂各說各話，即使家財萬貫，也是家門不幸！

法律參考工具

借名關係的舉證責任

　　關於借名關係存在之舉證責任，實務上認為要由主張有借名委任
關係存在事實之原告，於被告未自認下，須就此項利己事實證明至使
法院就其存在達到確信之程度，始可謂已盡其依民事訴訟法第 277 條
前段規定之舉證行為責任。又原告就上揭利己之待證事實，苟能證明
在經驗法則或論理法則上，足以推認該待證事實存在之間接事實，即
無不可，非以直接證明該待證事實為必要（參見最高法院 103 年度台
上字第 1637 號民事判決）。

違反借名契約的處分效力如何？

　　過往有認為此舉對借名者而言即屬無權處分，除相對人為善意之
第三人，應受善意受讓或信賴登記之保護外，如受讓之相對人係惡意
時，自當依民法第 118 條無權處分之規定而定其效力，以兼顧借名者

之利益（參見最高法院 98 年度台上字第 76 號民事判決）。惟對此法律問題，實務上仍有紛歧見解，但終經最高法院決議採取「有權處分說」，其理由為：不動產借名登記契約為借名人與出名人間之債權契約，出名人依其與借名人間借名登記契約之約定，通常固無管理、使用、收益、處分借名財產之權利，然此僅為出名人與借名人間之內部約定，其效力不及於第三人。出名人既登記為該不動產之所有權人，其將該不動產處分移轉登記予第三人，自屬有權處分（參見最高法院 106 年度第 3 次民事庭會議決議）。

七 現代孝子： 贈與金錢給子女要注意什麼事？

　　有些父母一生相互扶持，辛苦打拼賺錢，養育子女拉拔長大，等到老態龍鍾，百病纏身，還是捨不得花錢，想多留些遺產給子女。有的父母連看醫生都捨不得坐計程車而改搭公車，有的寧可買新衣給孫子自己卻還是穿舊衣。有的父母不僅會留下遺產給子女，還擔心子女要負擔遺產稅，於是在過世前先把容易處理的金錢贈與給子女。子女本應孝順父母，而今父母孝順子女卻屢見不鮮，子女除了羞愧反省之外，更應及時反哺！

　　子女若是孝順父母，不僅應多關心父母並善盡扶養之責，還應該跟父母說：「您們今生賺的錢，就在今生安心花掉吧！畢竟看醫生、訪親友及食衣住行育樂等大小事都需要花錢。請把錢花在自己身上，不用留給我們了」。但若是父母執意要對子女犧牲奉獻至死方休，甚至為提前處理後事而預先贈與金錢給子女，亦應注意下列事項：

◆ 父母贈與子女每年有免稅額度

　　父母死後留給子女的遺產，固然要課遺產稅，如改為死亡前預先贈與，則有贈與稅的問題，而贈與稅的納稅義務人

是贈與人。依遺產及贈與稅法規定，遺產稅與贈與稅在特定金額下之稅率均為 10%。值得注意的是，配偶互相贈與免贈與稅，父母於子女婚嫁時所贈與之財物，總金額不超過 100 萬元也免贈與稅，而贈與稅納稅義務人每年得自贈與總額中減除法定免稅額（另須注意財政部每年依法公告之金額）。因此，父母為提前處理後事而預先贈與金錢給子女（假設不另贈與給外人），得考慮每年免稅額度贈與，以節省贈與稅。

💡知識➕

贈與稅免稅額

依遺產及贈與稅法第 22 條規定，贈與稅納稅義務人，每年得自贈與總額中減除免稅額 220 萬元。另依同法第 12 條之 1 第 1 項規定，遺產及贈與稅之免稅額、課稅級距金額、不計入遺產總額及各項扣除額之金額，每遇消費者物價指數較上次調整之指數累計上漲達 10% 以上時，自次年起按上漲程度調整之。財政部於每年 12 月底前，應據此計算次年發生之繼承或贈與案件所應適用之各項金額後公告之。

財政部於 112 年底公告 113 年發生之贈與稅之免稅額即為 244 萬元。

◆ 每次匯款不超過 50 萬元，避免洗錢防制之煩

　　政府與金融機構越來越重視洗錢防制，以積極回應國際社會的要求，特別是自從兆豐銀行因紐約分行涉及洗錢防制疏失而遭金管會重罰後，更是全國動起來。依洗錢防制法與金融機構防制洗錢辦法等規定，金融機構對於 50 萬元以上交易（含國內匯款）會進行客戶身分確認措施並留存相關紀錄憑證。有的銀行行員除了遵循洗錢防制的 SOP（標準作業程序）之外，還會多關心幾句，導致有些長者會覺得很煩瑣或感到困擾。因此，父母為提前處理後事而預先贈與金錢給子女，可考慮在每年 220 萬元免贈與稅的限度下分次匯款，而每次匯款不超過 50 萬元，以避免洗錢防制之煩。

◆ 父母死亡前兩年才贈與，還是會被當作遺產來課稅

　　有些父母覺得自己很聰明每年以免稅額度贈與給子女而免贈與稅，沒想到死後就死亡前兩年的贈與竟然還是被課到遺產稅，甚至因漏報而遭追加罰款。這是因為依遺產及贈與稅法規定，被繼承人死亡前兩年內贈與特定個人（包括子女及其他法定繼承人等在內）之財產，應於被繼承人死亡時，視為被繼承人之遺產，併入其遺產總額，依法課徵遺產稅。因此，父母為提前處理後事而預先贈與金錢給子女宜及早規

劃，不能等到病入膏肓行將就木時才密集贈與，宜於 60 歲時就開始有計畫地按年進行贈與事宜，不過還是預留自己安養天年所需開銷為當。孝子不能孝過頭，若是孝到自己晚年日子過得苦哈哈，那就見笑了。

◆ 繳了贈與稅，可扣抵遺產稅

父母為提前處理後事而預先贈與金錢給子女，就每年超過 220 萬元限額的贈與會被課贈與稅，而每年以 220 萬元贈與給子女則可免贈與稅。但如前述，父母死亡前兩年內贈與給子女的財產，會被納入遺產總額而被課遺產稅。

不過依遺產及贈與稅法規定，父母死亡前兩年內贈與給子女的財產會被算入遺產總額，但如果該贈與已經繳了贈與稅，可以從遺產稅額內扣抵。因此，父母死亡前兩年內贈與給子女的財產，如超過 220 萬元的限額而被課贈與稅者，尚得在遺產稅扣抵，不會一頭牛被剝兩層皮。

◆ 子女不肖，父母得撤銷贈與

父母孝順子女而贈與金錢，堪稱現代孝子。但若是子女不肖，對父母不履行扶養義務，則父母得依民法第 416 條規定撤銷其贈與而請求返還，但須於知情起 1 年內撤銷，又若是心軟而表示原諒者，也不能撤銷。

美國開國元勳班傑明・富蘭克林曾說:「除了死亡與稅之外，這世界上沒有什麼事是確定的」。誠然，凡人終須一死，而繳稅是國民應盡的義務，死亡前要繳納所得稅、贈與稅等多種稅捐，死後還會有遺產稅。孝順子女的父母預先安排贈與的節稅規劃也要注意以上事項，日後才能安心長「睡」，不會「稅」不安穩！

法條大補帖　遺產及贈與稅法關於生前贈與的主要規定

第 12-1 條

① 本法規定之下列各項金額，每遇消費者物價指數較上次調整之指數累計上漲達百分之十以上時，自次年起按上漲程度調整之。調整金額以萬元為單位，未達萬元者按千元數四捨五入：

一、免稅額。

二、課稅級距金額。

三、被繼承人日常生活必需之器具及用具、職業上之工具，不計入遺產總額之金額。

四、被繼承人之配偶、直系血親卑親屬、父母、兄弟姊妹、祖父母扣除額、喪葬費扣除額及身心障礙特別扣除額。

② 財政部於每年 12 月底前，應依據前項規定，計算次年發生之繼承或贈與案件所應適用之各項金額後公告之。所稱消費者物價指數，指行政院主計總處公布，自前一年 11 月起至該年 10 月底為止 12 個月平均消費者物價指數。

第 15 條

被繼承人死亡前二年內贈與下列個人之財產，應於被繼承人死亡時，視為被繼承人之遺產，併入其遺產總額，依本法規定徵稅：

一、被繼承人之配偶。

二、被繼承人依民法第 1138 條及第 1140 條規定之各順序繼承人。

三、前款各順序繼承人之配偶。

第 20 條

左列各款不計入贈與總額：

……

六、配偶相互贈與之財產。

七、父母於子女婚嫁時所贈與之財物，總金額不超過 100 萬元。

……

第 22 條

贈與稅納稅義務人，每年得自贈與總額中減除免稅額 220 萬元。

八 鞠躬盡瘁： 老臣如何向無情老闆爭取權益？

　　凡人都會老，老年時生活、保健、醫療都需要錢，因此社會需要有良好的退休制度。在同一企業長期辛苦工作的忠心老臣向雇主請領退休金時卻遭到刁難或甚至藉詞解雇，自是覺得感慨萬千。可別因此就輕易放棄，應依法據理力爭應有的退休金以安享晚年。

◆ 老臣老陳的悲歌

> 　　老陳今年54歲，在老王開的公司從送貨員一路爬到業務經理的位置，工作年資32年，可說是公司的老臣。老王開創的家族企業已營運30多年，老王的兒子小王不僅是富二代也接班當老闆，而老陳一路走來兢兢業業，全力輔佐老王創業與小王接班，受到同事們的敬重。惟老陳近來感到工作有點力不從心，而且想要在人生下半場開創第二春，經營一家小咖啡館，乃萌生退休之意。另一個說不出口的原因是老陳與小王經常在公司經營理念與業務拓展的執行上有所歧見甚至發生衝突，老臣與王子有世代隔閡，老陳覺得不如歸去。

當 94 年間政府開辦新制的勞工退休金時,老陳心想既然已打算一輩子在老王的公司做到退休,而且老王的公司營運前景還不錯,應該不會提早收攤,因此老陳還是維持舊制的勞工退休金,並未選擇新制。現在當老陳預備提出退休申請之際,沒想到公司竟以老陳不能勝任工作為由予以解雇。老陳收到資遣通知時感到非常震驚,公司怎麼會對向來忠心耿耿的老臣如此絕情,難道老陳的退休金就這樣付諸東流了嗎?

◆ **退休金制度簡介**

如前面所提到,健全的退休制度有如金字塔的三層次,而第二層次由企業提供的勞工退休金(參見書末附錄 A-1)則有舊制與新制之分。

◆ **勞退舊制**

勞退舊制是於 73 年開辦,依勞動基準法,採確定給付制,也就是由勞工於法定退休時向雇主請求依法應負擔之退休金,該退休金之計算有一定公式,綜合年資與工資計算,勞工看得到未來依法可得的退休金金額,卻未必領得到,因

為勞退舊制係以勞工於同一雇主工作年資計算，然而勞工可能會轉換工作、雇主也可能提早收攤等，導致實際上很多勞工未蒙其利。關於舊制勞工退休金的計算，勞動部網站列有試算軟體（參見書末附錄 A–2），可資參照。

◆ 勞退新制

勞退新制則是於 94 年開辦，依勞工退休金條例，採確定提撥制，也就是由雇主每月至少提撥勞工工資 6% 至勞工的個人退休帳戶，勞工也可按工資 6% 範圍內自願提撥且有節稅優惠，該個人退休帳戶歸勞工所有，具有可攜式帶著走的特性，因此即使勞工轉職或雇主收攤，都不會影響勞工對個人退休帳戶的權益。全國所有勞工們個人退休帳戶的金錢統由勞工退休基金監理委員會負責投資運用，勞工退休金運用效益不得低於當地銀行 2 年期定期存款利率，如有不足則由國庫補足之。因此新制的勞工退休金相對於舊制比較可以領得到，雖然未必能領得比舊制多，但有保本與最低收益的保障。勞工年滿 60 歲，即可依個人狀況決定請領月退休金或一次性退休金。關於新制勞工退休金的計算，勞動部網站列有試算軟體（參見書末附錄 A–3），可資參照。

	舊制	新制
開辦時間	73 年	94 年
依據	勞動基準法	勞工退休金條例
制度	確定給付制	確定提撥制
特色	依同一雇主的工作年資計算	勞工退休帳戶換雇主可帶著走

表 1-1　勞工退休金新舊制比較

052

　　勞工在勞退新制後的 5 年期間可以選擇勞退新制或維持舊制，視個人生涯規劃與對雇主的期待而定。勞工也可選擇新制，但仍保留舊制的年資，等到符合舊制退休的要件時依保留年資請領舊制的退休金，另持有新制的個人退休帳戶所累積的投資金額。除勞工退休金之外，勞工在勞工保險局還有勞工保險的老年給付與國民年金保險的老年年金可得領取（參見書末附錄 A–4、A–5），作為退休的基本保障。

◆ 選擇勞退舊制的老陳

　　老陳如果當初選擇新制的退休金，就不怕被雇主藉詞解雇，因為雇主按月提撥的退休金已在老陳的個人退休帳戶，屬於老陳所有。至於退休時能夠領多少，就看勞退基金運用的效益如何而定。

> **依勞退舊制，勞工得自請退休的情形有 3 種：**
>
> 1. 工作 15 年以上年滿 55 歲者。
>
> 2. 工作 25 年以上者。
>
> 3. 工作 10 年以上年滿 60 歲者。
>
> **另外，雇主得強制勞工退休的情形有兩種：**
>
> 1. 年滿 65 歲者。
>
> 2. 身心障礙不堪勝任工作者。

　　舊制勞工退休金計算的方式為：按其工作年資，每滿 1 年給與 2 個基數。但超過 15 年的工作年資，每滿 1 年給與 1 個基數，最高總數以 45 個基數為限。未滿半年者以半年計；滿半年者以 1 年計。前述退休金基數之標準，係指核准退休時 1 個月平均工資（指計算事由發生之當日前 6 個月內所得工資總額除以該期間之總日數所得之金額）。雇主應於勞工退休之日起 30 日內給付退休金，如無法一次發給時，得報經主管機關核定後，分期給付。

　　54 歲的老陳因為在老王公司工作已超過 25 年，因此可以自請退休，而因老陳尚未年滿 65 歲，故公司不能強制其退休。假設老陳擬退休前 1 個月平均工資是 10 萬元，工作年資為 32 年，則其退休前 15 年工作年資，

每滿 1 年給與 2 個基數，計 30 個基數；超過 15 年之工作年資為 17 年，每滿 1 年給與 1 個基數，計 17 個基數，兩者合計 47 個基數，因最高總數以 45 個基數為限，乃為 45 個基數。基上，老陳可領取之退休金為 450 萬元（10 萬元之基數標準金額 × 45 個基數）。

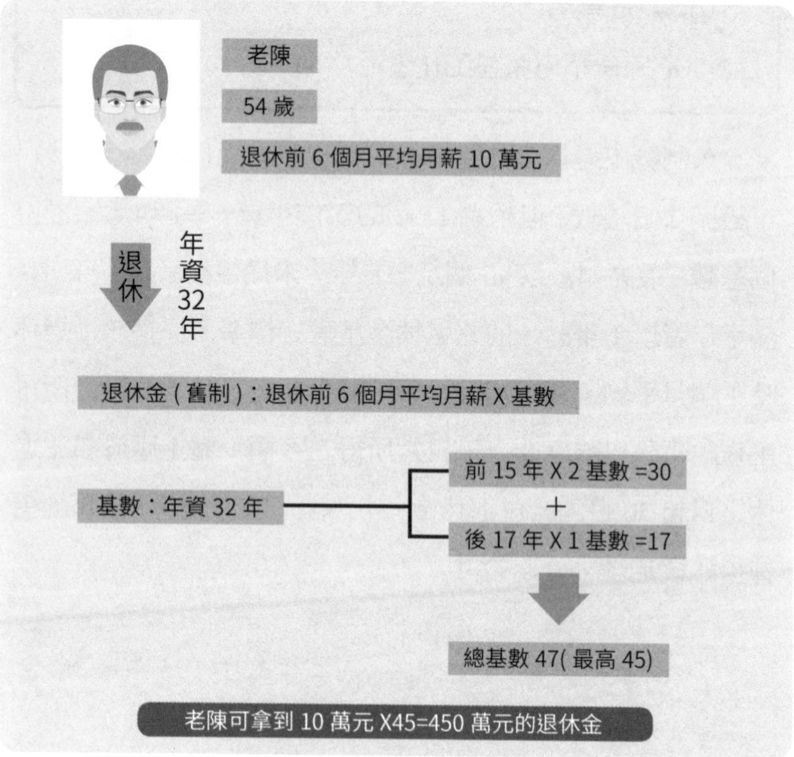

老陳

54 歲

退休前 6 個月平均月薪 10 萬元

退休　年資 32 年

退休金（舊制）：退休前 6 個月平均月薪 X 基數

基數：年資 32 年

前 15 年 X 2 基數 =30
+
後 17 年 X 1 基數 =17

總基數 47(最高 45)

老陳可拿到 10 萬元 X45=450 萬元的退休金

圖 1-5　老陳的退休金計算

450 萬元的退休金對於退休生活應有某程度穩定的支持，但似乎仍然不夠，此則有賴老陳於工作時期之個人儲蓄及理財規劃的安排，才能有足夠的退休金以安享晚年。

◆ 老臣的反擊

老陳準備申請退休前曾與其他同事閒聊此事，口風傳到接班人小王耳中。沒想到小王不顧老陳長期效忠公司的情面，竟然搶先一步以其不能勝任工作為由將老陳這位公司老臣予以資遣。雖然老陳可依法獲得資遣費，但遠低於其本可得之退休金。小王得意地主張因老陳與公司的雇傭關係已因資遣而終止，老陳已非公司勞工，自然無法依勞動基準法申請退休及領取舊制之退休金，此舉不論是為了降低成本還是汰弱留強，手段似乎都太過殘酷而不近人情。

然而法院認為：勞工一旦符合法定退休要件，即已取得自請退休並請求給付退休金之權利，此為其既得權利，不因雇主終止勞動契約而喪失，否則雇主即得藉故解雇已符合退

休條件之勞工，規避給付退休金之義務，殊非勞動基準法之
立法本旨。

　　在一宗關於勞工涉嫌違反勞動契約而遭雇主懲戒解雇但
另請領退休金的案例中，法院認為雇主終止勞工契約，勞工
雖不得向雇主請求加發預告期間工資、資遣費，但仍得向雇
主請求給付退休金。又退休金之性質為「延期後付」之工資，
為勞工當然享有之既得權利，於勞工退休時支付，且不因勞
工事後離職而消滅　（判決要旨請參本單元後的法律參考工
具）。

　　基於上述，如果是符合法定退休要件的勞工，被懲戒解
僱的都可以請領退休金了，則被資遣解僱的勞工，其退休金
權利更不應受到不利影響，當然可以請領退休金。

　　綜上，在企業辛苦工作的老臣終有功成身退之時，如果
受到老闆不合理的待遇甚至無情的解僱，應積極爭取自己應
有的權益，包括用來安度晚年的退休金。老臣為公鞠躬盡瘁，
於私亦應積極維護權益，不能讓慣老闆隨意欺負！

法律參考工具

勞工涉嫌違反勞動契約而遭雇主懲戒解雇但另請領退休金案

　　最高法院 92 年度台上字第 2152 號民事判決闡述：「依勞動基準
法第 12 條或第 15 條規定終止勞動契約者 ，或定期勞動契約期滿離

職者，勞工不得向雇主請求加發預告期間工資、資遣費，為勞動基準法第 18 條所明定，退休金並未包括在內，故雇主依勞動基準法第 12 條第 1 項第 4 款規定終止勞動契約時，勞工仍得向雇主請求給付退休金。又依退休金之經濟性格觀之，工資本質上係勞工提供勞動力之價值，退休金之性質為『延期後付』之工資，為勞工當然享有之既得權利，於勞工退休時支付，且不因勞工事後離職而消滅。

退休金本質上係以勞工全部服務期間為計算標準所發給之後付工資，雇主自不得以懲戒解僱為由，剝奪勞工請求退休金之權利。政府擬將退休金改採『個人儲蓄帳戶』，可攜帶式退休金制度，其目的係避免雇主因財務困難或其他因素致勞工請求給付困難，影響勞工既得權益，上訴人辯稱：現行勞動基準法退休金性質並非後付之工資；勞委會現擬修改退休金制度為『個人儲蓄帳戶』，可見現行退休金制性質非後付性質云云，顯不足採。勞工一旦符合法定退休要件，即已取得自請退休並請求給付退休金之權利，此為其既得權利，不因雇主終止勞動契約而喪失，否則雇主即得藉故解僱已符合退休條件之勞工，規避給付退休金之義務，殊非勞動基準法之立法本旨。」

九 據法力爭：債務人欠錢怎麼要？

　　年關將近，誰都不想欠債，也該把債結清。人死之前，也是如此，無牽無掛，瀟灑走一回。

　　人老了，可能忘記誰曾經欠過自己的債，也可能因為耳根子軟，而容易把錢財借給別人，或是拿去亂投資，甚至遭到詐騙。長輩要趁自己在世還知道債務人是誰時把債權順利回收，才能作為自己安度晚年的老本，也可留下豐厚的遺產給後代。否則一旦過世之後，後代也搞不清楚到底是誰欠債或是欠多少錢，就變成永遠追不回的呆帳。然而，追債時最怕遇到債務人脫產，名下變得清潔溜溜，債權人即使打贏官司也執行不到債務人的財產，那就不了了之了！

　　除了個人因素之外，世界局勢的動盪與經濟環境的惡化也會造成債權回收的困難。事業經營不善者有的會使出擺爛的奧步，倒債、倒閉甚至惡意脫產。因此，不論是老年人或是一般的債權人，都要防範債務人使出金蟬脫殼的脫產大絕招，不容輕忽！

◆ 阻止脫產的法寶──假扣押

　　債權人要聲請法院對債務人的財產強制執行必須先取得

執行名義，例如確定的民事勝訴判決，但需要歷經數審程序，實在是勞民傷財又耗時。等到勝訴確定後，債務人可能早已脫產完畢，勝訴判決書就只能當成獎狀，聊備一格。不過法律上提供另一個簡便的方式，也就是「假扣押」，讓債權人可以先暫時扣押債務人的財產包括存款及不動產，以免債務人迅速脫產。所謂的「假」是指暫時的意思，其實一點都不假，可以儘速發揮財產扣押的實際效果。

◆ 假扣押怎麼聲請

　　債權人於債務人有脫產徵兆時，應儘速向法院聲請假扣押，凍結債務人的資產。按假扣押制度乃為保全債權人將來之強制執行，並得命其供擔保以兼顧債務人權益之保障，所設暫時而迅速之簡易執行程序。

　　依民事訴訟法第 522 條規定，債權人就金錢請求或得易為金錢請求之請求，欲保全強制執行者，可以聲請法院假扣押。而依民事訴訟法第 523 條規定，假扣押的原因乃指日後不能強制執行或甚難執行之虞者。法院認為這並不限於債務人浪費財產，使自己付不出錢，或債務人逃匿無蹤或隱匿財產等情形，只要符合「有日後不能強制執行或甚難執行之虞」之條件即可。

　　如果債務人被催告後仍斷然堅決地拒絕清償，且債務人

名下沒有什麼財產，或是其現存的財產，和債權人的債權相差很大，沒辦法償還時，在一般社會的通念上，被認為將來很難或根本無法強制執行時，也算是符合要件（判決要旨請參本單元後的法律參考工具）。

金錢請求

請求他人支付金錢，如買賣契約成立後請求支付價金。

得易為金錢請求之請求

雖然本來不是請求金錢，但是可以改成用金錢來請求，如請求對方交付貨品，但貨品已經毀損，則改為請對方以金錢賠償。

　　不過另須注意，法院核發假扣押裁定通常會要求債權人提供約當扣押金額的三分之一做擔保才能聲請法院強制執行，對於債權人來說是一筆不小的財務負擔。但若債權人事先已預作防範而要求債務人簽發本票或設定不動產抵押，則日後需要扣押及執行債務人之財產即可迅速且低廉地進行，因其執行不須額外提供擔保金。

◆ 刑事追訴也有助於討債

　　債權人固然可提起民事訴訟以求將債務人脫去之財產回

復原狀，然而民事訴訟程序冗長且耗時，該財產可能早已又轉出去給善意第三人而難追回。即使能追回，該財產並非起訴之債權人所獨享，而是由債務人之全體債權人依債權比例來分配，猶如禿鷹分食腐屍，所剩可能無幾。相對於民事訴訟經常是勞民傷財且緩不濟急，刑事追訴及處罰則因可能會剝奪人的自由而有坐牢被關的恐懼，比較有震懾的效果，這是人性使然，特別是有錢人與上流人最怕被關，即使是短期拘留或羈押也受不了。債權人得以債務人涉犯刑事犯罪如詐欺、背信、侵占等而提出刑事告訴，又若債務人於將受強制執行之際，意圖損害債權人之債權，而毀壞、處分或隱匿其財產者，亦構成損害債權罪。基上，債權人為回收債權，除聲請假扣押及進行民事救濟程序之外，另可藉由提起刑事追訴以促使債務人上談判桌，謀求債務解決之道。

◆ 刑事扣押更方便

值得注意的是，依刑事訴訟法第 133 條規定：「可為證據或得沒收之物，得扣押之。為保全追徵，必要時得酌量扣押犯罪嫌疑人、被告或第三人之財產。對於應扣押物之所有人、持有人或保管人，得命其提出或交付。扣押不動產、船舶、航空器，得以通知主管機關為扣押登記之方法為之。扣押債權得以發扣押命令禁止向債務人收取或為其他處分，並禁止

向被告或第三人清償之方法為之。依本法所為之扣押，具有禁止處分之效力，不妨礙民事假扣押、假處分及終局執行之查封、扣押。」足見刑事扣押具有相當的效力，可作為債權人對抗債務人脫產的法律武器。

此外，就銀行帳戶之保全，亦可依「存款帳戶及其疑似不法或顯屬異常交易管理辦法」請求法院、檢察署或司法警察機關為偵辦刑事案件需要而通報銀行將涉案人之存款帳戶列為警示帳戶，而暫停該帳戶之全部交易功能，更為快速確實。

◆ 民事訴訟追債到底

若是債務人已完成脫產，債權人可視情形提出下列民事訴訟：

1.如果債務人是以假交易的方式來脫產，債權人可主張該脫產是基於通謀虛偽意思表示而無效（參見民法第 87 條），故該財產仍應歸屬於債務人。債權人為保全債權得提起代位訴訟（參見民法第 242 條）以債務人名義並援引民法所有物返還請求權（參見民法第 767 條）或不當得利請求權（參見民法第 179 條）向受讓人請求返還該財產之占有予債務人及塗銷所有權移轉之登記。

💡知識➕

通謀虛偽意思表示

雙方並不是真的想交易，而是假裝要成立交易，再移轉交易標的，這個交易其實是無效的。

代位訴訟

債務人怠惰而不積極行使其權利時，債權人為了保全債權，得以自己之名義，幫債務人行使權利。例如債務人不拿回因假交易而給人的土地，債權人可以自己之名義，幫債務人拿回土地。

不當得利返還

一方沒有任何法律上的原因，而得到他方的利益，受損害的一方可以請對方返還。例如商家找錯錢而多給顧客，顧客因為沒有法律上的原因多拿到錢，使商家受損，商家可以請顧客歸還多給的錢。

2.如果債務人係以真實之交易，如買賣或贈與之方式將財產移轉給第三人以達脫產之目的，債權人得以該移轉行為有害及債權為由起訴請求法院撤銷該行為 （參見民法第244條），使得該財產仍歸屬於債務人，另一併提起代位訴訟請求返還該財產。

3.如果債務人將財產信託給受託人以避免被強制執行，則債權人得起訴聲請法院撤銷有害於委託人之債權人權利之信

託行為（參見信託法第 6 條），使得該財產仍歸屬於債務人，另一併提起代位訴訟請求返還該財產。

惟須注意債權人固然可提起前述訴訟以求將債務人脫去之財產回復原狀，然而民事訴訟程序冗長且耗時，該財產可能早已又轉出去給善意第三人而難追回。即使能追回，該財產並非起訴之債權人所獨享，而是由債務人之全體債權人依債權比例來分配，所剩可能無幾，此更凸顯及早保全扣押債務人財產的重要性！另一方面，依遺產及贈與稅法第 16 條規定，被繼承人之債權及其他請求權不能收取或行使確有證明者，不計入遺產總額，因此繼承人申報遺產稅時，亦應注意得將被繼承人不能回收的債權剔除於遺產總額。

綜上，長輩走向遲暮之年，雖然人老力衰，但為了給自己一個好過的晚年且留下豐厚的遺產，也應據法力爭積極回收債權，不容債務人狡詐脫產而兩手空空。老人若是生前不了結別人所欠的債，死後可能就不了了之了！

法律參考工具

請求假扣押的要件

依民事訴訟法第 522 條規定，債權人就金錢請求或得易為金錢請求之請求，欲保全強制執行者，得聲請法院假扣押。至於民事訴訟法第 523 條第 1 項所稱「有日後不能強制執行或甚難執行之虞」之「假

扣押之原因」者，並不限於債務人浪費財產、增加負擔或將其財產為不利益之處分，致達於無資力之狀態，或債務人移住遠方、逃匿無蹤或隱匿財產等積極作為之情形，只須符合該條項「有日後不能強制執行或甚難執行之虞」之條件即可。如果債務人對債權人應給付之金錢或得易為金錢請求之債權，經催告後仍斷然堅決拒絕給付，且債務人現存之既有財產，已瀕臨成為無資力之情形，或與債權人之債權相差懸殊，將無法或不足清償滿足該債權，在一般社會之通念上，可認其將來有不能強制執行或甚難執行之虞之情事時，亦符合法律要件（參見最高法院 98 年度台抗字第 746 號民事裁定）。

✚熟年離婚：離婚財產怎麼分？

俄國大文豪托爾斯泰在《安娜‧卡列尼娜》一書的開場白寫道：「幸福的家庭都是相似的，不幸的家庭各有各的不幸」。臺灣離婚率很高，早已不是新鮮事。有些年輕夫妻互相受不了他方，說離就離，沒有在溫良恭儉讓的，反正還沒有小孩與複雜財產關係的牽絆。而熟年夫妻相忍為家多年，等到雙方關係溫度降到冰點而小孩已長大了，終究還是選擇離婚的，也時有所聞。老夫老妻由於一起生活多年，已累積不少財產，要斷捨離時，感情固可割捨，錢財卻要守住。婚後經濟弱勢的一方別忘了檢視並主張可向他方請求剩餘財產分配的權利！

◆ 採用法定夫妻財產制，離婚才能請求剩餘財產分配

夫妻離婚通常會面臨如何分家的問題，主要是小孩與財產。在財產方面，經濟弱勢的一方常會問到：自己可以從對方那裡分一半的財產過來嗎？這在法律上牽涉到剩餘財產分配請求權。報章雜誌上看到一些名人與藝人從佳人變怨偶而離婚時，多會出現聳動的新聞標題如：某甲與某乙離婚不想人財兩失，要分對方一半的財產。而我們尋常百姓離婚時亦

然，只是很多人不知道如何保護自己的權益，卻傻呼呼地在離婚協議書上簽字並表明拋棄權利。這對於婚後經濟弱勢的一方，面臨離婚後自食其力的困境，可就吃大虧了。

現行的夫妻財產制有三種：法定財產制、以及約定財產制之共同財產制與分別財產制。夫妻得於結婚前或結婚後，以書面契約約定選用共同財產制或分別財產制，並向法院登記。如果夫妻未約定財產制，則適用法定財產制。只有法定財產制才有剩餘財產分配的設計。因國人結婚時基於人情世故很少會就夫妻財產制特別約定，故大多數夫妻都是適用法定財產制，於離婚時可依具體情狀向他方主張剩餘財產之分配。

> **夫妻法定財產制的特色如下：**
>
> 1. 將財產種類區分為婚前財產與婚後財產，由夫妻各自所有。不能證明為婚前或婚後財產者，推定為婚後財產；不能證明為夫或妻所有之財產，推定為夫妻共有。
> 2. 夫或妻各自管理、使用、收益及處分其財產。
> 3. 夫妻各自對其債務負清償之責。
> 4. 家庭生活費用，原則上由夫妻各依其經濟能力、家事勞動或其他情事分擔之。

5. 夫妻於家庭生活費用外，得協議一定數額之金錢，供夫或妻自由處分。

6. 法定財產制消滅時，夫或妻現存之婚後財產扣除債務後應平均分配，即婚後經濟弱勢一方對他方有剩餘財產分配請求權。

　　法定財產制兼顧男女平權，肯定家事勞動價值以及夫妻共同對家庭的貢獻。基本上，夫妻婚前與婚後的財產與債務是各歸各的，不會有夫債妻還或是妻債夫還的問題。而夫妻離婚後，婚後經濟弱勢的一方可向他方主張剩餘財產的分配，這也是體現夫妻雙方婚後對家庭的貢獻，不管是在外工作或是在內持家，都很重要。

◆ 剩餘財產的分配，也要精打細算

　　一般夫妻大都適用法定財產制，當離婚而主張剩餘財產分配時，需依法辦理，其基本計算方式為：夫或妻現存之婚後財產，扣除婚姻關係存續所負債務後，如有剩餘，其雙方剩餘財產之差額，應平均分配。故嚴格來說，剩餘財產分配並不是向比較有錢的他方要他一半的財產，而是還要就雙方婚後財產與負債綜合計算剩餘財產之差額再平均分配。

　　舉例來說：假設某甲與某乙結婚，某甲婚前財產有200萬元，某乙婚前財產有100萬元。而離婚時，某甲現存之婚後財產有300萬元，負債100萬元，故剩餘財產為200萬元；某乙婚後財產有800萬元，負債500萬元，故剩餘財產為300萬元。在計算夫妻剩餘財產分配時，不用管兩人婚前財產有多少，只要針對婚後財產扣除負債後的剩餘財產進行扣減，如有剩餘，再平均分配。基上，某甲剩餘財產200萬元，某乙剩餘財產300萬元，差額為100萬元，平均分配為50萬元，故某甲可向某乙請求剩餘財產分配之金額為50萬元。

　　在計算上尚須留意：夫妻現存之婚後財產，其價值計算以法定財產制關係消滅時為準，但夫妻因判決而離婚者，以起訴時為準。而因繼承或其他無償取得之財產與慰撫金不列入財產計算，這是因為這類特定財產是基於單方個人因素而獲得，與夫妻養家分工合作無關。此外，夫或妻之一方以其婚後財產清償其婚前所負債務，或以其婚前財產清償婚姻關係存續中所負債務，除已補償者外，於法定財產制關係消滅時，應分別納入現存之婚後財產或婚姻關係存續中所負債務計算。

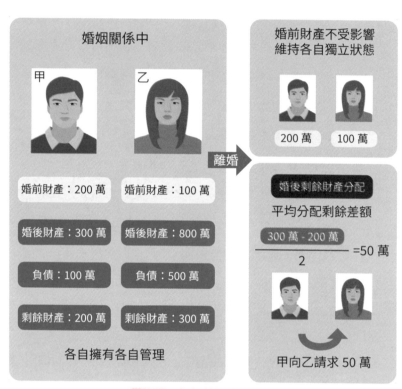

圖 1-6　夫妻剩餘財產分配

　　夫妻離婚主張剩餘財產分配請求時，除精打細算之外，也要注意下列事項：

1. 2 年時效要注意

　　剩餘財產分配請求權，自請求權人知有剩餘財產之差額時起，2 年間不行使而消滅。自法定財產制關係消滅時起，逾 5 年者，亦同。故需及時行使權

利，不能讓權利睡著了。

2. 若不公平還可以調整

如果依法計算平均分配顯失公平者，得請求法院調整或免除其分配額。例如夫妻一方完全不管家務終日無所事事，單靠另一半在外工作打拼，如離婚還能分得一半剩餘財產，有所不公。

值得注意的是，民法於 110 年修法時增訂第 1030 條之 1 第 2、3 項，提供關於夫妻剩餘財產分配是否有失公平之參考因素，以利法院得調整或免除分配額，亦即：

(1) 夫妻之一方對於婚姻生活無貢獻或協力，或有其他情事，致平均分配有失公平者，法院得調整或免除其分配額。

(2) 法院為前述裁判時，應綜合衡酌夫妻婚姻存續期間之家事勞動、子女照顧養育、對家庭付出之整體協力狀況、共同生活及分居時間之久暫、婚後財產取得時間、雙方之經濟能力等因素。

3. 需提早準備

夫妻法定財產制之消滅除了雙方離婚、一方死亡之外，也包括夫妻改用其他財產制。如果夫妻一方發

現他方有掏空財產跡象，可聲請法院改用分別財產制，而提前進行剩餘財產之分配，以免緩不濟急。

4. 反制脫產，5 年內都算婚後財產

夫或妻為減少他方對於剩餘財產之分配，而於法定財產制關係消滅前 5 年內處分其婚後財產者，應將該財產追加計算，視為現存之婚後財產，其價值計算以處分時為準，這是為了反制他方脫產。

5. 確實查核財產與債務

計算婚後財產與債務時，財產部分如無市價行情，可能需請專家鑑定。至於債務部分，要小心他方惡意虛增債務以減少剩餘財產價額，故應對於債務憑證及其真實性詳加查核。

6. 先想好如何分配

夫妻如協議離婚，應將剩餘財產如何分配寫進協議書。若是訴請法院裁判離婚，可一併請求法院依法分配剩餘財產。

◆ 夫妻婚後把財產都放在一方名下，他方的解救之道

夫妻關係好時濃情蜜意，常見婚後將財產全部或大部分放在某一方名下，等到將來要離婚時，為避免整碗被端去，

名下沒有什麼財產的一方，可考慮採取以下方式自保：

1. 保存證據

當初在規劃婚後財產配置時，若是以借名方式將財產放在某一方名下，則應保留可作為證明借名關係的合意簡訊、契約文件、付款金流等。如此在離婚時，即可堂而皇之地終止借名關係並請求他方返還借名財產。惟若能進而安排財產信託，將比借名方式較有利，因產權規劃更為清楚，但需夫妻對此有共識且願負擔作業成本。

2. 主張剩餘財產分配請求權

若無法證明借名關係，另可考慮主張剩餘財產分配請求，相較於前述借名返還請求取回全部財產，剩餘財產分配請求有機會取回一半的財產金額，但還需進行細部之扣除計算。另須注意，財產名義人可能會主張其名下財產是夫妻另一方所贈與，而不列入婚後財產。

3. 不要隨便放棄權利

簽署離婚協議書時，要注意可能還有如上所述之借名財產返還請求權，或是剩餘財產分配請求權，而有必要列入協議內容。千萬不要太過豪氣而草率同

意互不向他方主張權利甚至拋棄之條款。不然離婚
之後，就真的是人財兩失了。

◆ 離婚也要把帳算清楚

　　離婚說是不幸也可能是幸運。人與人之間因了解而在一
起，也可能因為更了解而想要分開。很多人想離，卻離不掉。
離掉的，也要注意法律賦予的經濟保障，包括剩餘財產分配
請求權，這是應得的權利而不是被施捨的恩惠。因為在婚姻
關係中，夫妻雙方都曾付出心力，也算是合夥經營家庭這個
事業。離婚分家就像事業拆夥，還是要把這筆帳算清楚，千
萬不要覺得不好意思。

法條大補帖 民法關於夫妻離婚依法定財產制分配財產的主要規定

第 1030-1 條

① 法定財產制關係消滅時，夫或妻現存之婚後財產，扣除婚姻關係存續所負債務後，如有剩餘，其雙方剩餘財產之差額，應平均分配。但下列財產不在此限：

一、因繼承或其他無償取得之財產。

二、慰撫金。

② 夫妻之一方對於婚姻生活無貢獻或協力，或有其他情事，致平均分配有失公平者，法院得調整或免除其分配額。

③ 法院為前項裁判時，應綜合衡酌夫妻婚姻存續期間之家事勞動、子女照顧養育、對家庭付出之整體協力狀況、共同生活及分居時間之久暫、婚後財產取得時間、雙方之經濟能力等因素。

④ 第 1 項請求權，不得讓與或繼承。但已依契約承諾，或已起訴者，不在此限。

⑤ 第 1 項剩餘財產差額之分配請求權，自請求權人知有剩餘財產之差額時起，2 年間不行使而消滅。自法定財產制關係消滅時起，逾 5 年者，亦同。

第 1030-2 條

① 夫或妻之一方以其婚後財產清償其婚前所負債務，或以其婚前財產清償婚姻關係存續中所負債務，除已補償者外，於法定財產制關係消滅時，應分別納入現存之婚後財產或婚姻關係存續

2

中所負債務計算。

② 夫或妻之一方以其前條第 1 項但書之財產清償婚姻關係存續中其所負債務者，適用前項之規定。

第 1030-3 條

① 夫或妻為減少他方對於剩餘財產之分配，而於法定財產制關係消滅前 5 年內處分其婚後財產者，應將該財產追加計算，視為現存之婚後財產。但為履行道德上義務所為之相當贈與，不在此限。

② 前項情形，分配權利人於義務人不足清償其應得之分配額時，得就其不足額，對受領之第三人於其所受利益內請求返還。但受領為有償者，以顯不相當對價取得者為限。

③ 前項對第三人之請求權，於知悉其分配權利受侵害時起 2 年間不行使而消滅。自法定財產制關係消滅時起，逾 5 年者，亦同。

第 1030-4 條

① 夫妻現存之婚後財產，其價值計算以法定財產制關係消滅時為準。但夫妻因判決而離婚者，以起訴時為準。

② 依前條應追加計算之婚後財產，其價值計算以處分時為準。

第二章

長輩耳根軟　小心被騙

一 長輩理財：如何避免財被理走？

　　錢財雖是生不帶來死不帶去，但人生在世的時候，若是沒有錢財卻是萬萬不能。老人進入人生下半場，更需要錢財安養天年。一輩子累積的錢財若是全部放在銀行生利息，財富增長的空間有限，如能作適當的資產配置，將部分錢財用來投資，讓錢滾錢，資產越來越多，除了可用來過著幸福美滿的退休生活，也有助於支應老邁病重時的龐大開銷。老人理財固然重要，亦應特別留意少數不肖的理財專員，避免被其天花亂墜的話術及霧裡看花的手法，搬走老人辛苦賺取的錢財。讓我們從以下的案例談起。

◆ 王老先生的悲劇

　　王老先生經營事業有成，年紀大了退休，將公司交棒給兒子。老王打拼了大半輩子累積了不少積蓄，是受到銀行相當禮遇的貴賓。銀行還特別安排了一名表現優異的理專來協助老王理財，理專逢年過節都會送禮給老王，平日也常打電話跟老王噓寒問暖。老王透過銀行的財富管理部門購買了很多理財商品，包括：股票、基金、

外匯、保險等。理專每個月都會拿帳戶財報跟老王報告投資績效，表現相當不錯，老王很滿意其服務，繳了不少手續費給銀行，也讓理專賺了不少業績獎金。

有一天銀行突然告訴老王，其理專因故離職，銀行將再安排另一位績優的理專接手。老王覺得怪怪的，就請其手下的財務經理幫忙向銀行索取最新對帳單以了解帳戶狀況，沒想到卻發現老王的帳戶資金竟然大幅縮水。老王覺得很奇怪，長期以來理專提供的帳戶財報都顯示投資狀況表現亮眼，帳戶資金節節高升。老王向銀行嚴正反映後得到的回應竟是：該理專經查有擅自挪用客戶款項情事，已捲款潛逃並經銀行開除，案件正由司法單位調查處理。

老王很氣憤地跟銀行理論：他的帳戶經查確實有經理挪用款項情事，為何銀行監督如此不周？此外，他每個月都會從理專拿到帳戶財報，看來投資績效良好，怎麼銀行的對帳單卻顯示投資虧損？為何經常轉換投資標的？又為何經常換匯？導致增加許多費用及損失。對此詢問，銀行則回應：經查老王帳戶的匯款憑單確實有老王用印與印鑑卡相同；銀行每月都會寄給老王對帳單，並未顯示投資標的一路長紅，至於理專給的帳戶財報並

非銀行所製作，應該是理專私下製作；相關的交易都有經電話確認程序，有紀錄可查。老王聽了氣炸了，因為銀行的對帳單都寄到老家去，而且專業術語很多，他雖然很會做生意，但其實不大懂理財，至於電話確認投資交易，他因信賴理專，對其建議是言聽計從照單全收。沒想到最後竟落得大半家產付諸東流，老王也不知該怎麼面對家人，感到非常自責難過，怪自己老糊塗了。

◆ 理專十誡

　　王老先生被理專欺騙的悲劇，讓許多投資人心有戚戚焉。由於銀行理專挪用客戶資金案件頻傳，金管會於 108 年間已發函要求銀行公會訂定防範措施，銀行公會也訂定「銀行防範理財專員挪用客戶款項相關內控作業原則」，從人事、內控及內部稽核三大面向著手，採取十大項防弊措施加以防堵，希望藉由訂定「理專十誡」，由銀行善盡職責並有效監督理專以維護客戶的權益，簡要整理如下：

1. 銀行任用新進人員，應採行盡職調查程序，建立適當機制了解員工品性素行、專業知識、信用及財務狀況，落實 KYE（Know Your Employee，了解你

的員工）制度之執行，對於現職之理專，亦應定期或不定期了解其信用及財務狀況。

2.員工行為準則明定，嚴禁任何形式的代客保管存摺、印鑑或已簽章空白交易單據，及不得有擅自交易、不當招攬等行為。

3.對理專進行有效之防弊調控措施，如休假、輪調及理專與客戶往來情形之查核機制。

4.避免理專擅自為客戶辦理存提款、開戶、投資交易、保單轉換、解約等作業，並透過事前宣導、事中控管（例如透過第三人之電話照會確認機制），及事後查核（例如不定期抽查理專抽屜等）等防弊機制。

5.建置控管機制避免理專不當取得客戶網路銀行密碼代客戶從事交易，例如透過定期產出異常檢核報表，檢核理專是否跟客戶共用同一行動裝置或同一 IP 位址進行交易，及不定期向客戶寄發交易函證，提供客戶確認投資明細及餘額等。

6.建置帳戶監控、異常舉報及抽查理專等機制，避免理專與客戶私下資金往來。

7.建置控制機制避免理專銷售非所屬銀行核准之金融商品。

8. 建置控管機制避免理專自行製作並提供對帳單，例如建立資安查核機制，確認理專辦公處所是否有類似自製對帳單文件或檔案、禁止理專代客戶收受對帳單、定期檢視客戶是否能收到對帳單。

9. 強化查核篩選原則及頻率，至少應將諸如財富管理業務或交易量異常大增的分行、內控缺失偏多的單位、或有異常交易的理專等，納為專案查核或加強查核的項目。

10. 研議查核重點事項，如理專休假的查核機制以及員工是否有空白留單、自製對帳單、與客戶私下資金往來等。

　　理專十誡若能被銀行有效落實於內控內稽的執行及理專的作業實務中，類似王老先生被理專騙財的悲劇就不容易歷史重演。諷刺的是，即使理專十誡三令五申言猶在耳，然而在 109 年末仍爆發某銀行理專長期挪用客戶近 3 億元存款的案件，犯罪手法為理專藉其為客戶進行投資理財的機會與信任，而詐領客戶存款，亦即利用客戶臨櫃辦理交易時，代客戶填寫匯款申請書而辦理匯出匯款；或於櫃檯行員辦理臨櫃客戶業務時，夾帶其所預留、蓋妥其他客戶印鑑章之匯出匯

款申請書辦理其他客戶交易，將其他客戶的款項匯出。而金管會雖屢次祭出鐵腕重罰卻難杜絕弊端，銀行公會甚至將前述理專十誡擴充至二十一種疑似理專挪用客戶款項的態樣，但是道高一尺魔高一丈，實務上仍然一再發生不法案件，例如有銀行理專利用客戶信任取得網銀密碼，並請客戶設定其他客戶或該理專關係戶的帳號為約定轉帳帳號，再使用網銀將客戶資金轉出的案件，因此民眾對於金融理財仍須提高警覺，不可輕忽。

　　長者有錢很好，但畢竟進入人生下半場，理解力與判斷力可能都不如前，更應特別審慎。長者理財固然重要，但也要小心財被理走。銀行是民眾信賴的金融機構，守護客戶錢財及提供財富管理服務之外，也應好好管教與監督旗下的理專，避免發生挪用客戶資金及其他詐騙情事。

二 養老防兒：子女也會竊取父母存款？

　　父母在世辛勤工作累積不少的積蓄大多會存在銀行。有些父母堪稱現代孝子而於在世時將金錢贈與給子女；卻也有不肖子女覬覦父母的財產而以巧妙方式竊取父母存款；或於父母過世後瞞著其他繼承人而竊取父母存款。這些爭家產的行為其心態可說是「先搶先贏」。但是基於情理法，父母的財產於其在世時要給誰其實是父母的自由，一旦過世後也應依民法繼承的規定，或父母預立的遺囑來分配。做子女孝順父母都嫌錢給的不夠多或時間太晚了，竟還趁機伸出黑手掏空父母的財產，實屬不該。這不僅會讓父母傷心難過，也損及其他兄弟姊妹的繼承權益與手足情誼，父母養老也要防兒呀！

◆ 子女竊取父母存款的手法

　　有些子女長期對父母不聞不問，然而遇到父母病重時卻突然變成孝子而經常來訪，藉由跟父母噓寒問暖及密切觀察以了解父母存款資訊及身分證件、存摺、印鑑、金融卡所在。獲得父母的信任後再伺機而動，拿走或騙取提款所需物件，等到辦完款項作業之後則物歸原主，以免東窗事發。實務上常見不肖子女採取如下方式竊取父母存款：

1. 持父母之存摺及印鑑前往銀行，於取款憑條上盜蓋
   父母原留印鑑印文，臨櫃辦理提款或匯款作業。
2. 持父母之金融卡前往 ATM 自動櫃員機，輸入密碼而
   辦理提款或匯款作業。
3. 登入父母存款銀行網站，輸入父母之帳號及密碼而
   辦理匯款作業。

　　父母過世後家屬正哀傷忙著辦喪事之際，卻也有子女趁其他人都在忙而不注意時，偷偷潛入父母臥房及私人儲存空間偷取父母的身分證件、存摺、印鑑、金融卡等，再以前開手法竊取父母存款，得手之後則把相關物件放回原處，以為神不知鬼不覺，但卻是人神共憤。等到日後家屬辦理繼承手續清理父母所遺財產時，赫然發現父母本來要留給後代的錢財卻遭某些子女提早掏空，乃衍生法律糾紛。

◆ 如何防範子女竊取父母存款

　　臺灣社會詐騙案件層出不窮，老人是詐騙集團眼中的肥羊，因為有錢又好騙。長輩對於假好意的外人或是粉紅佳人固然應提高警覺，但對於親生子女卻常不設防。為防範子女竊取父母存款，父母首先需有危安意識及做好防範措施。雖然常言道「養兒防老」，但在社會風俗日漸敗壞的今日，父母

更應該「養老防兒」。父母對於老年安養之用的積蓄，除了交給銀行保管之外，就存款資訊以及身分證件、存摺、印鑑、金融卡等重要物件，自己也要妥善保管。防人之心不可無，即使是面對自己的子女也不例外。

 知識 +

金融剝削

指有心人士透過詐欺、非法、未經授權或不當行為剝奪他人之財產利益，以獲取個人收益。有錢的長輩特別容易成為金融剝削的受害者，加害者形形色色，諸如：

1. 黑道：詐騙集團以電話、網路、LINE 等媒介以「猜猜我是誰」、「保證獲利／穩賺不賠」或其他話術欺騙長輩，集團成員分工合作卻首尾不相見，長輩有如羊入虎口任其宰割。

2. 白道：部分不肖的銀行理專對長輩客戶進行不當的投資理財建議，甚至挪用客戶資產中飽私囊。

3. 灰道：有些在金融機構、電信公司等工作的員工竟然黑白不分，與外面的詐騙集團勾結，裡應外合，共同聯手詐騙客戶。

4. 粉紅佳人：以美貌與感情溫暖長輩的心，卻用甜言蜜語騙取其錢財，最後不告而別，導致長輩人財兩失。

5. 親人：覬覦長輩錢財的啃老族，趁其年老不靈光，假借各種名義掏空家產，卻不盡扶養之責。

此外，許多子女竊取父母存款案件的發生，常是因為父母年邁已精神恍惚甚至失智。為防患於未然，家屬最好能協助父母事前規劃以保護其權益，可考慮聲請法院為監護宣告。透過監護宣告，精神障礙或失智的父母喪失法律行為與處分其財產的能力，改由監護人來擔任法定代理人，且受到法律的規範與法院的監督，較能有效地維護父母的財產安全。惟倘若父母精神障礙或失智程度輕微，尚不足以為監護宣告，則可透過民法另設之輔助宣告制度，由法院指定之輔助人藉由同意機制來協助保護受輔助宣告的父母。

知識＋

輔助宣告

自然人如因精神障礙或其他心智缺陷，致其與他人溝通或對於他人意思表達的了解程度顯有不足，法院可依聲請對其為輔助宣告。受輔助宣告人雖仍具法律上行為能力，但若為特定行為（如消費借貸、贈與、信託、不動產買賣、訴訟及擔任企業負責人等），尚應得法院選定之輔助人的同意。

監護宣告

自然人如因精神障礙或其他心智缺陷，致其不能與他人溝通或不了解他人表達的意思，法院可依聲請對其為監護宣告。受監護宣告之人成為無行為能力人，須由法院選定之監護人作為其法定代理人，代為或代受意思表示。

◆ 追究不肖子女的法律責任

　　對於不肖子女竊取父母存款，其實是事前預防勝於事後追究責任，但有時還是防不勝防，而必須對簿公堂。然而有些父母對於子女犯行根本渾然不覺，或是因年紀老邁失智而不會主張權利。又如父母或其他子女於日後發現而要向加害者提出民事求償，不論是以侵權行為或不當得利為由請求返還，都會面臨民事訴訟程序耗時費力的問題，甚至還有可能被認為是遺產的公同共有債權，而需要全體繼承人當原告，增加求償的難度。因此實務上類此案件通常是採取「以刑逼民」的方式，透過提出刑事告訴或告發，促使加害者出面協商民事賠償及和解事宜。

◆ 子女不告而取可能構成哪些犯罪？

　　一般人會覺得竊取存款構成竊盜或侵占。就存摺、印鑑、金融卡等實體物件，若是有不告而取或是本來係合法持有（如受父母囑託而保管）而變易為所有的意思，可能會構成刑法之竊盜或侵占。但就銀行的存款之提領而言，依法條文義尚難構成刑法之竊盜或侵占，實務上視案情而論構成以下罪責：

　　1.在取款憑條上盜蓋父母的印章印文：可能涉犯盜用印章（刑法第 217 條第 2 項）、偽造私文書（刑法第 210 條）、行

使偽造私文書（刑法第216條）等罪。至於輸入帳號、密碼等行為，也可能被認為是偽造準私文書而構成偽造文書犯行（參見最高法院107年度台上字第927號刑事判決）。

2.至銀行臨櫃依取款憑條辦理提款或匯款作業：可能涉犯詐欺取財罪（刑法第339條第1項）。

3.持父母之金融卡前往ATM自動櫃員機辦理提款或匯款作業：可能涉犯由自動付款設備取得他人之物罪（刑法第339條之2第1項）。

4.登入父母之網路銀行帳戶辦理匯款作業：可能涉犯以不正方法將虛偽資料等輸入電腦而不法取得他人財產罪（刑法第339條之3第1項）。

值得注意的是，若有子女在父母過世後竊取其銀行存款，因為該存款已經歸屬於全體繼承人，所以是侵害全體繼承人的權益。惟若是該子女在父母生前曾獲得其同意或委任處理金錢事宜，司法實務上有認為一旦父母過世，父母生前的委任授權也會跟著失效；但另有法院認為人的死後事務之處理，除遺產外，尚涉及遺體處理、喪葬儀式、祭祀方法等對死者有重大意義的「身後事」，而此等「死者為大」的「交代後事」，性質上即屬於民法第550條但書所規定「因委任事務之性質不能消滅」之委任關係，可見此問題在實務上存有爭議，應謹慎為之，最好能取得父母書面明確的授權以杜爭議。

綜上，雖然錢財乃身外之物，生不帶來，死不帶去，但是人一旦老了，柴、米、油、鹽、醬、醋、茶等生活所需以及看醫生、請看護等都需要花錢。錢雖不能保證不會發生萬一事件，然而沒有錢，卻是萬萬不能。父母贈與金錢給子女，堪稱現代孝子，但父母養老的保命錢可要小心守護，不能被不肖子女給竊取！

法律參考工具

委任人死亡，委任關係是否即歸消滅？

消滅說：實務上有認為雖然行為人在他人之生前，獲得授權、代為處理事務，一旦該他人死亡，授權關係即歸消滅，不得再以該他人之名義製作文書，縱然係處分行為人享有繼承權之遺產，仍無不同；否則，足致不明就裡之外人，誤認死者猶然生存在世，有害公共信用，何況倘另有其他繼承人，將致此等繼承人權益有受損之虞。是若父親在世之時，為經營事業，授權或委任兒子代辦帳戶提、存款事宜，死亡之後，兒子即不得再以父親名義製作提款文書領款花用，要之，祇能在全體繼承權人同意下，以全體繼承權人名義為之（參見最高法院 103 年度台上字 3142 號刑事判決）。

未必消滅說：實務上另有認為我國已邁入高齡化社會，父母隨著年老體衰，逐漸難以或無法自理生活，委由陪伴照料之子女代為管理財務及交代後事如何處理，甚為常見。而依民法第 6 條：「人之權利

能力，始於出生，終於死亡。」及第 550 條：「委任關係，因當事人一方死亡、破產或喪失行為能力而消滅。但契約另有訂定，或因委任事務之性質不能消滅者，不在此限。」規定，人之權利義務因死亡而開始繼承，由繼承人承受，關於遺產之法律行為，自當由繼承人為之。被繼承人生前委任之代理人，依其反面解釋，倘屬民法第 550 條但書所規定「因委任事務之性質不能消滅」之委任關係，即不因被繼承人死亡而當然全部歸於消滅。此亦與民法第 1148 條第 1 項但書規定，權利、義務專屬於被繼承人本身者，不在繼承開始時遺產之繼承範圍相呼應。而人的死後事務之處理，除遺產外，尚涉及遺體處理、喪葬儀式、祭祀方法等對死者有重大意義的「身後事」，而此等「死者為大」的「交代後事」，性質上即屬於民法第 550 條但書所規定「因委任事務之性質不能消滅」之委任關係。然為避免牴觸遺囑或侵害繼承人之繼承權，死後事務的委任關係仍持續存在之例外情形，自應限於處理對死者有重大意義的事項，以調和死者與生者間的利益平衡，俾契合國民感情及民法第 550 條但書、第 1148 條第 1 項但書之規範旨趣（參見最高法院 110 年度台上字第 3566 號刑事判決）。

結論：以上兩說均言之成理，實務見解似有朝未必消滅說發展的趨勢，當事人最好能於委任契約明訂委任關係於委任人死亡後仍繼續存在，以杜爭議。

三 亡羊補牢： 辛苦累積的存款被騙走怎麼辦？

世風日下，人心不古。現今社會詐騙集團橫行，人們錢財遭詐騙之事，屢見不鮮。長者一輩子辛苦工作累積的財富，卻因身心退化且對人未有防備而更容易被騙。若是很晚才發現，通常錢財早已透過層層帳戶轉匯，及製造金流斷點而消失無蹤，惟如能及早發現，尚有機會中途攔截。發現受騙之後如能儘速向警方報案並由其通報相關銀行將涉案之帳戶列為警示帳戶，而暫停該帳戶之全部交易功能，較能防堵千金散去。正是所謂：亡羊補牢，猶未晚矣！

◆ 粉紅佳人的靈骨塔陷阱

70 幾歲的老李臨老入花叢，剛認識一位小他 20 幾歲的紅粉知己徐娘，兩人經常一同喝下午茶談天說地聊心事。某天晚上老李在跟兒子小李吃飯時提到他下午去了一趟銀行匯款買房子，想說為家人做一些事。經過小李進一步詢問才知道，原來老李說把數百萬元的退休存款拿去買房，其實是去幫全家人購買坐落於好山好水的骨灰塔位，一人一房，讓家人死後都永遠住在一起。小

李覺得事有蹊蹺，仔細問了之後才了解，老李是聽了紅粉知己徐娘天花亂墜的說詞才做這些後事規劃。小李催促老李趕緊聯絡徐娘問個究竟，沒想到徐娘的手機竟無人應答，傳 LINE 也不讀不回，音訊全無，猶如人間蒸發，那買塔位的錢也不翼而飛！老李哭喪著臉非常自責，小李真怕老李會想不開……。

◆ 警示帳戶聯防機制

發生詐騙案件，若是很晚才發現，通常錢財早已經過層層帳戶轉匯及製造金流斷點而消失無蹤，即使能抓到共犯，常常只是代罪羔羊，例如提供人頭帳戶者通常也沒有什麼資產，其戶頭被借用而短暫停泊的款項很快就被抽走。若是能及早發現及早處理，或許還可以將被騙款項的金流在數個可疑帳戶攔截而亡羊補牢。實務上針對詐騙所涉銀行帳戶資金的防堵，有警示帳戶聯防機制可資利用，簡介如下：

◆ 通報銀行將特定存款帳戶列為「警示帳戶」

金管會依銀行法第 45 條之 2 第 3 項規定制定「存款帳戶及其疑似不法或顯屬異常交易管理辦法」。依上開管理辦

法，法院、檢察署或司法警察機關為偵辦刑事案件需要，得通報銀行將特定存款帳戶列為「警示帳戶」。一旦被列為警示帳戶者，該銀行應即通知財團法人金融聯合徵信中心，並暫停該帳戶全部交易功能，匯入款項逕以退匯方式退回匯款銀行。

　　以老李案為例，小李可到附近派出所或撥打 165 反詐騙專線報警，並提供徐娘指定匯款的 A 銀行某帳戶資訊給警方以儘速通報為警示帳戶，期能儘速將被騙金額攔截，避免向下游轉匯。

◆ 防堵款項再流入其他下游帳戶

　　鑑於詐騙款項通常會在數個帳戶間迅速流動，因此除了警示帳戶之外，也要防堵款項再流入其他下游帳戶。因此上開管理辦法另規定：存款帳戶經法院、檢察署或司法警察機關通報為警示帳戶者，銀行應即查詢帳戶相關交易，如發現通報之詐騙款項已轉出至其他帳戶，應將該筆款項轉出之資料及原通報機關名稱，通知該筆款項之受款行，並通知原通報機關。

　　警示帳戶之原通報機關依前項資料進行查證後，如認為

該等受款帳戶亦須列為警示帳戶者，由該原通報機關再進一步通報相關銀行列為警示。詐騙款項之相關受款行，應依前述規定辦理交易查詢及通知作業，如查證受款帳戶有犯罪事實者，應即採行類似警示帳戶之處理措施（如圈存或止扣）。銀行公會乃依上開辦法制訂「金融機構辦理警示帳戶聯防機制作業程序」供相關機構之實務作業所遵循。

◆ **暫停交易有時間限制**

另須注意，為兼顧帳戶所有人權益之保障，銀行就圈存或止扣款項，自圈存或止扣時點起算，超過 24 小時後，仍未接獲警方之警示帳戶通報，則得逕予解除圈存或止扣。惟該帳戶若有疑似不法或異常之情事者，得不予解除。至於警示帳戶之警示期限自通報時起算，逾 2 年自動失其效力。但有繼續警示之必要者，原通報機關應於期限屆滿前再行通報之，通報延長以一次及 1 年為限。

以老李案為例，除了將徐娘指定的 A 銀行某帳戶列為警示帳戶之外，A 銀行應立即查詢該帳戶相關交易，如發現通報之詐騙款項已轉匯至 B 銀行某帳戶，應儘速將相關資訊通知 B 銀行並通知原通報之警方。B 銀行如查證受款帳戶有犯罪事實者，應即須採行圈存或止扣措

施。而警方進行查證後如認為該等受款帳戶亦須列為警示帳戶者，則再進一步通報 B 銀行列為警示帳戶，暫停該帳戶全部交易功能。

◆ 如何把錢要回來──銀行可以直接把錢還給被害人嗎？

若是被詐騙的款項被成功攔截，被害人能請求銀行直接發還該款項嗎？以前管理辦法第 11 條第 2 項規定，只要被害人檢具相關文件，銀行確認後可以直接發還警示帳戶內的錢給被害人。

但是有法院拒絕適用上開規定，因為其涉及對人民財產權的限制，屬於法律保留事項，卻沒有透過立法規定，而已經超出了銀行法的授權，所以銀行沒有權力自行把錢還給被害人。

◆ 把錢要回來還是需要一番努力

也就是說，如果被害人要向銀行請求返還受詐騙之匯款金額，銀行不能以簡易的行政作業處理，被害人需要透過訴訟程序來要回（參見臺灣高等法院暨所屬法院 100 年法律座談會民事類提案第 2 號之法律問題研究意見），或依其他法

律規定向帳戶所有人請求返還受詐騙金額。由於該等金額已被攔截保全，被害人還有機會取回，只是需要經過嚴謹的法律程序。

◆ 家人溫暖與機智的守護

　　家庭是長輩遇到困難的避風港，也是處理危機照亮前程的燈塔。長輩存款被騙要趕快補破網。亡羊補牢，猶未晚矣。家人也應建立友善的家庭環境，多關心長輩，讓他們願意說出生活上重大或怪異的情事，以利及早發現詐騙事件。發現之後，家人更應儘速協助長輩到附近派出所或撥打 165 反詐騙專線報警，並提供匯款對象的帳戶資訊給警方以儘速通報為警示帳戶，期能儘速將被騙金額攔截，亦需透過警示帳戶聯防機制，將下游的涉案帳戶一網打盡。如能順利攔截並追回款項，長輩的財產及晚年照顧所需可獲得確保，也不至於過度自責抑鬱而終。家人溫暖與機智的守護，終究是長輩安養天年的靠山。

法律參考工具

關於前述「如何把錢要回來──銀行可以直接把錢還給被害人嗎？」之相關規定與法院判決：

1. 存款帳戶及其疑似不法或顯屬異常交易管理辦法第 11 條第 2 項

銀行依前項辦理（即聯絡警示帳戶之開戶人協商發還帳戶內剩餘款項），仍無法聯絡開戶人者，應透過匯（轉）出行通知被害人，由被害人檢具下列文件（即刑事案件報案三聯單、申報不實應負責之切結書），經銀行依匯（轉）入時間順序逐筆認定其尚未被提領部分，由最後一筆金額往前推算至帳戶餘額為零止，發還警示帳戶內剩餘款項。

2. 法院判決認為銀行不能直接還錢給被害人

依銀行法第 45 條之 2 第 2 項規定，銀行對疑似不法或顯屬異常交易之存款帳戶，得予「暫停」存入或提領、匯出款項；關於疑似不法或顯屬異常交易帳戶之認定標準，及「暫停」帳戶之作業程序及辦法，依同條第 3 項規定，授權主管機關定之。其目的乃在維護各銀行經管財務之安全，提高金融從業人員之警覺，減低銀行營運上之風險。金管會依上開法律授權訂立之上開管理辦法第 11 條第 2 項規定，課銀行負「發還」警示帳戶內剩餘款項之義務，涉及對警示帳戶內剩餘款項財產權之處分，係對人民財產權之限制，屬於法律保留事項，非屬執行法律之細節性、技術性次要事項，自應有法律規定或法律具體明確授權主管機關發布命令始得為之。乃銀行法對此並無明文規定，同法第 45 條之 2 第 3 項亦未授權主管機關訂定，依上說明，系爭管理辦法第 11 條第 2 項關於「發還」警示帳戶內剩餘款項之規定，顯已逾越授權之目的及範圍，違反憲法第 23 條法律保留原則，法官既係依據法律獨立審判，不受其拘束，自得拒絕適用（參見最高法院 106 年度台上字第 2921 號民事判決）。

四 親而無信：家人也會盜刷信用卡？怎麼辦？

　　信用卡是現代人常用的支付工具，一般民眾的錢包裡至少會有一張信用卡。信用卡讓人們可以先享受後付款，而消費越多更帶動商業與金融的活絡發展。信用卡固然帶來許多好處，卻也造成不少弊端，除了民眾無節制消費導致背負沉重卡債之外，信用卡被他人盜刷事件也是層出不窮。

　　實務上常見信用卡遺失或是遭竊而被外人盜刷，而在親人之間也會發生盜刷事件。親而無信，令人不勝唏噓。固然親人之間可能有一起辦正、附卡，或是同意讓親人使用自己信用卡的情形，但也有違法亂紀者，例如子女趁父母遠行或住院而偷拿其信用卡消費，又如夫或妻趁機盜刷對方的信用卡。等到信用卡名義人收到銀行寄來的請款帳單而東窗事發，親人之間若是要明算帳也是會撕破臉的。

◆ **養成管控信用卡的好習慣**

為避免信用卡遺失或遭竊，我們平日就應養成管控信用卡的好習慣，諸如：

1. 信用卡要好好保管，常用的就放在錢包裡有秩序排放，不常用的則放在家裡隱密安全的處所。

2. 每天至少檢查一次錢包裡的信用卡是否安在，而放在其他安全處所的信用卡也要定期檢視。

3. 留意發卡銀行傳送手機簡訊或 email 通知信用卡的最新使用資訊。

4. 應於信用卡背面的簽名欄部分簽名，並採用習慣的簽名樣式，而日後持卡消費時也應以同樣式於簽帳單上簽名。

5. 保留刷卡後的簽帳單並按發卡銀行分類管理。

6. 每個月收到信用卡帳單後，應與該相關的簽帳單核對。如有疑義，即與客服人員聯繫以理清疑點。

7. 儘量不要把信用卡借給別人用，但如果基於親誼或是日常家務消費所需而把信用卡借給親人使用，要記得確認使用範圍以及收回保管。

◆ 發現信用卡遺失或遭竊後的基本動作

　　民眾若能養成前述習慣如定期檢視信用卡所在，以及留意發卡銀行傳送的手機簡訊，或 email 通知信用卡的最新使用資訊，應可及早發現信用卡遺失或遭竊情事，另應儘速採取以下兩個基本動作：

1. 立即打電話或以其他方式向發卡銀行辦理信用卡掛失手續。
2. 如經銀行要求，則應於受通知 3 日內向警察局報案（惟如果發現信用卡是遭親人盜刷，可能會有所顧慮而選擇暫不向警察局報案）。

◆ 信用卡遭盜刷的損失由誰承擔？

　　向銀行掛失的好處是越早掛失越能防止信用卡遭他人盜刷。此外，原則上掛失後遭他人冒名盜刷的損失是由銀行承擔，而掛失前 24 小時以內被盜刷的損失也是由銀行承擔。至於掛失前 24 小時更早以前被盜刷的損失，客戶則需承擔 3 千元的自負額。以上是基本原則，但還是要留意信用卡合約書所規定的例外情事。例如他人冒用盜刷信用卡是因持卡人容

許，或故意將信用卡交其使用者（此最常發生在親人之間），
持卡人仍應負擔被冒用盜刷的損失。

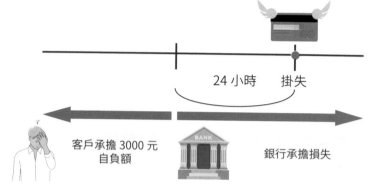

24 小時　掛失

客戶承擔 3000 元
自負額

銀行承擔損失

圖 2-1　信用卡遭盜刷，誰承擔損失

　　民眾申辦信用卡時通常不會仔細閱讀信用卡合約書上密
密麻麻的文字，惟該合約書均有規範信用卡遺失或遭竊等情
形之處理方式與責任歸屬。各家銀行的信用卡合約書內容雖
有不同，但均須依金管會頒布的《信用卡定型化契約範本》
而制訂。因此民眾亦可參照《信用卡定型化契約範本》第 17
條的相關規定，以保護自己的權益。茲列出要點如下，以供
參考：

1.持卡人之信用卡如有遺失、被竊、被搶、詐取或其
　他遭持卡人以外之他人占有之情形，應儘速以電話
　或其他方式通知發卡機構或其他經發卡機構指定機

構辦理掛失手續，並繳交掛失手續費（不得逾2百元）。但如發卡機構認有必要時，應於受理掛失手續日起10日內通知持卡人，要求於受通知日起3日內向當地警察機關報案或以書面補行通知發卡機構。

2. 持卡人自辦理掛失手續時起被冒用所發生之損失，概由發卡機構負擔。但有下列情形之一者，持卡人仍應負擔辦理掛失手續後被冒用之損失：

(1)他人之冒用為持卡人容許或故意將信用卡交其使用者。

(2)持卡人因故意或重大過失將使用自動化設備辦理預借現金或進行其他交易之交易密碼或其他辨識持卡人同一性之方式使他人知悉者。

(3)持卡人與他人或特約商店為虛偽不實交易或共謀詐欺者。

3. 辦理掛失手續前持卡人被冒用之自負額以＿＿＿元為上限（各發卡機構得自行視本身狀況約定收取不超過3千元之金額，且應明定於契約中）但有下列情形之一者，持卡人免負擔自負額：

(1)持卡人於辦理信用卡掛失手續時起前24小時內被冒用者。

⑵冒用者在簽單上之簽名，以肉眼即可辨識與持卡人之簽名顯不相同或以善良管理人之注意而可辨識與持卡人之簽名不相同者。

4.持卡人有前述第2點但書及下列情形之一，且發卡機構能證明已盡善良管理人之注意義務者，其被冒用之自負額不適用前項約定：

⑴持卡人得知信用卡遺失或被竊等情形而怠於立即通知發卡機構，或持卡人發生信用卡遺失或被竊等情形後，自當期繳款截止日起已逾20日仍未通知發卡機構者。

⑵持卡人違反約定未於信用卡簽名致他人冒用者。

⑶持卡人於辦理信用卡掛失手續後，未提出發卡機構所請求之文件、拒絕協助調查或有其他違反誠信原則之行為者。

5.在自動化設備辦理預借現金部分，持卡人辦理掛失手續前之冒用損失，由持卡人負擔，不適用前述第3點自負額之約定。

◆ 特約商店應確實核對簽名以避免信用卡被盜刷

很多人並未在信用卡背後簽名，殊不知如果確實簽名，

可避免信用卡遭他人盜刷，因特約商店需確實核對簽帳單與信用卡上的簽名是否一致，如果不一致，應拒絕對方刷卡付款。

如果他人盜刷信用卡，且其於簽帳單上的簽名與持卡人於信用卡上的簽名有所不同，特約商店卻未盡核對之責，而發卡銀行竟對特約商店付款，法院認為因為是發卡銀行的過失，支出的費用不是必要費用，所以發卡銀行於上開情形不得要求持卡人償還墊款。

在信用卡的實務運作上，如持卡人消費在特定金額如3千元以下，於某些特約商店得以免簽名方式結帳。至於在需要簽名結帳的情形，我們也會發現許多特約商店的店員其實並沒有確實檢視並核對簽帳單與信用卡上的簽名是否一致。若是因此發生他人冒名盜刷爭議，依前述判決見解以及信用卡契約書之約定，信用卡名義人並不需要對發卡銀行負責，而係由發卡銀行與特約商店依其所訂合約處理。

◈ 盜刷他人信用卡的法律責任

盜刷他人信用卡的人，應對被害人負擔民事侵權責任，而如果是由銀行承擔損失，則主要是由銀行出面求償。此外，盜刷者尚可能需負擔以下之刑事責任：

1. 就他人遺失之信用卡侵占者，會觸犯侵占遺失物罪（刑法第 337 條）。
2. 竊取他人之信用卡者，會觸犯竊盜罪（刑法第 320 條）。
3. 盜刷他人信用卡而自商家購物或取得利益者，會觸犯詐欺罪（刑法第 339 條）。
4. 於信用卡簽帳單上簽署他人姓名而向特約商店行使者，會觸犯偽造文書及行使偽造文書罪（刑法第 210 條及第 216 條）。
5. 若是在網路購物而輸入他人的信用卡號等資料，也會構成詐欺罪及行使偽造文書罪。
6. 以上是針對違法取得他人真正的信用卡盜刷的情形，若是偽造、變造他人信用卡而行使者，尚會觸犯信用卡偽造、變造與行使罪（刑法第 201 條之 1）。

　　警方接受報案後，會要求被害人與發卡銀行協助辦案，取得該信用卡的相關消費紀錄後，再訪查特約商店取得監視錄影資料及其他線索，以循線鎖定盜刷他人信用卡之犯嫌。通常發卡銀行會在刑事偵查程序上積極參與，一併提出告訴並要求犯嫌補償其損失。

◆ 親人間是否明算帳？

常言道：「法不入家門」。親人之間若發生盜刷信用卡情事，基於人情世故，大多數情形可能還是會選擇原諒私了。由於盜刷他人信用卡者須負擔刑事責任，而如果盜刷者是親人，基於親誼之顧慮，被害人可能會考慮由自己或親人單獨或共同承擔損失，而不讓銀行承擔也不報案，以給予親人自新的機會。但若是親人盜刷金額過高或是親情早已破裂，則被害人可能還是會考慮大義滅親，以維護自身的權益。值得一提的是，實務常見夫妻在感情好時，如老公同意老婆使用老公名義的信用卡，然而一旦夫妻感情生變反目成仇，老公反而控訴老婆盜刷其信用卡，因此配偶應保留當初另一半同意其使用信用卡的證據如簡訊，以免日後翻臉不認人而引起糾紛。

總而言之，親人之間，雖有情有義，也會融通資金，但對於表彰個人在社會上經濟信用的信用卡，最好還是分得清清楚楚，不要借來借去，更不能投機盜刷。否則親而無信，法入家門，不僅損害親人對外的信用，也傷及內部的感情，那就家門不幸了！

法律參考工具

信用卡被盜刷，持卡人要償還墊款嗎？

持卡人依其與發卡銀行所訂立之信用卡使用契約，取得使用信用卡向特約商店簽帳消費之資格，並對發卡銀行承諾償付帳款，而發卡銀行則負有代持卡人結帳，清償簽帳款項之義務。此種持卡人委託發卡銀行付款之約定，具有委任契約之性質，則發卡銀行處理信用卡簽帳款之清償債務事務時，依民法第 535 條規定，應依持卡人之指示為之。而持卡人在簽帳單上簽名，可視為請求代為處理事務之具體指示，若特約商店就簽帳單上之簽名是否真正，未盡核對之責，發卡銀行竟對之為付款，其所支出之費用，尚難謂係必要費用，自難依民法第 546 條第 1 項規定向持卡人請求償還，從而持卡人如主張信用卡係因遺失、被盜而被冒用、盜用，除發卡銀行能證明持卡人有消費行為，或就其簽名之真正，特約商店已盡核對責任外，尚不得請求持卡人償還墊款（參見最高法院 89 年度台上字第 1628 號民事判決）。

五 守住老本：隨便簽發本票會怎樣？

> 老人，特別是一輩子下來累積不少老本的老人，容易成為詐騙集團或是有心人士獵殺的肥羊。常見的手法就是讓長者簽下本票，然後再透過法院強制執行長者的財產，導致長者的老本莫名其妙就被掏空。又或是長者死後，後代繼承財產卻收到法院的執行命令，才知道原來父母生前簽下本票，陷入父債子還的困境。

◆ 為何老人容易成為目標？

很多有錢的上流老人在年輕時意氣風發，頭腦清楚，賺錢有術，累積了不少積蓄與財產，可作為年老時的老本還可留下豐厚的遺產給子女。然而歲月催人老，人老了之後，雖然還是有腦筋清楚的，卻也常見人老了就糊塗了，甚至失能、失智，還有失依。臺灣社會詐騙案件層出不窮，長者若是頭腦不靈光或是感嘆心事誰人知，則容易被假好意的外人或是粉紅佳人盯上。子女應保護父母並提高警覺，或是預防性地向法院聲請監護宣告或輔助宣告。若長輩不具備受監護或輔

助宣告保護的條件，亦應注意社會上常見的騙財手法，事先跟家中長輩宣導以免吃虧上當，悔不當初。例如詐騙集團利用向老人推銷商品或是提供贈品之際，勸誘老人在看來普通的文件上簽名，卻趁機夾帶空白本票以取得老人簽名，或是偽造老人簽名，再持本票向法院聲請對老人的財產強制執行。嗣後老人看到自己的房子被查封或存款遭扣押，才驚覺大事不妙，但也搞不清楚到底有沒有欠過誰的債。

◆ 什麼是本票？

讓長者簽發本票是實務常見用來掏空長者老本的手法。本票是票據的一種，由發票人於載明「本票」的一張條狀紙上，在發票人處簽名，並填載一定金額與發票日期，表明無條件擔任支付所載金額等制式要件，即有效成立。本票的好處是：

> 1. **成立債權容易：**
>
>   只要滿足前述要件即成立本票債權，省去寫契約之煩。
>
> 2. **取得執行名義迅速又便宜：**
>
>   債權人要聲請法院對債務人之強制執行必須先取得執行名義，例如確定的民事勝訴判決，但需要歷經

數審程序，實在是勞民傷財又耗時。然而本票債權人提出本票向法院聲請准許強制執行的裁定，該裁定即為執行名義，由於法院只是形式審查，因此准許強制執行的本票裁定可以在幾週內迅速取得，且裁判費很低，依票面金額分級計算，在 5 千元以下，比起提民事訴訟所需繳的裁判費相對低廉。

3. **聲請強制執行不須先提出擔保金：**

一般的債權在判決確定前如要提早聲請法院強制執行，常需透過假扣押、假處分等保全程序，但須繳納執行金額約三分之一的擔保金。惟如果是本票債權，不僅取得准許強制執行的本票裁定容易，且聲請執行時不用再提出擔保金，可節省債權人的財務負擔。

◆ **長輩如何因應？**

長輩一旦成為本票發票人後，可能面臨債務追償的情事。古云：「亡羊補牢，猶未晚矣」，長輩及其子女應妥善因應有心人士挾本票而攻擊，可視情況採取以下因應方式：

1. **主張本票係偽造、變造而提起訴訟＋聲請停止執行：**

   長輩若收到法院准許本票執行的裁定，除依法提出抗告之外，亦應該仔細回憶，確認自己未曾簽立該本票，才可主張系爭本票是偽造、變造來的，並應於法院裁定送達後 20 日內，向法院提起確認本票債權不存在之訴。

   長輩提起訴訟之後，需要儘速向執行法院聲請停止執行（不用提供擔保），以免其財產遭查封拍賣。但如果長輩是以其他事由（例如明明已經清償債務但對方卻不返還本票）來提起訴訟主張確認本票債權不存在，則需提供擔保始得獲執行法院核准停止執行（參見非訟事件法第 195 條）。

2. **提債務人異議之訴＋聲請停止執行：**

   若長輩先前忽視法院准許本票執行的裁定，等到收到法院對其財產如不動產或銀行帳戶的執行命令後才驚覺事情大條了，長輩應儘速向法院申請閱卷，了解是哪張本票，並在執行程序終結前，以本票債權不成立或消滅或妨礙債權人請求之事由，向法院提起債務人異議之訴，請求法院撤銷該執行程序（參

見強制執行法第 14 條第 2 項）。在訴訟中，可以一併請求法院確認本票債權不存在，以及禁止對方拿本票裁定來強制執行，較能建構周全的防護網，以免對方另闢戰場。

長輩提起訴訟之後，另須儘速向執行法院聲請停止執行（須提供擔保），以免其財產遭查封拍賣（參見強制執行法第 18 條第 2 項）。

又關於本票製作的瑕疵，可能有以下類型，得依具體個案狀況主張：

(1)本票遭偽造或變造，則本票債權不成立。

(2)受到詐欺或脅迫而簽發本票，可依法撤銷意思表示，並主張本票債權不存在。若來不及撤銷，另可以對方涉嫌詐欺或脅迫而對之有侵權行為損害賠償請求權，乃據此主張抵銷本票債權。

(3)簽發本票欠缺原因關係如借款、買賣或其他債務，故本票債權不存在。或是簽發本票是供擔保之用，但應負責之條件尚未發生。惟此僅能對直接之債權人主張，如本票已轉讓給善意之第三人，原則上不能對抗之。

(4)本票債權之行使已罹於 3 年時效，故請求權消滅。

3. **提不當得利返還之訴：**

若長輩長期忽視或不知他人已利用本票聲請法院強制執行，等到自己的財產已被拍賣或移轉給他人後，才後知後覺，而如果本票債權確實有不成立或消滅或妨礙債權人請求的理由，長輩還是可以對本票債權人提起不當得利返還的民事訴訟，主張其獲得本票受償之利益沒有法律上原因而應返還所得價金利益（參見民法第 179 條，於第一章的「九、據法力爭：債務人欠錢怎麼要？」有介紹）。

4. **提刑事告訴：**

前面所述是透過民事訴訟尋求救濟，但常常緩不濟急，或對加害人來說不痛不癢。受害長輩另可視事實狀態向檢警提出刑事告訴，控訴加害人有偽造文書、詐欺、恐嚇等罪名。在刑事追訴過程中，也可一併進行和解協商，以取回本票或受害款項。

知識＋

債務人異議之訴

債務人主張執行名義上顯示的債權人權利，與實際上債權人的權利不相符，而請求該執行名義不能被執行的訴訟。

◆ 子女如何因應？

父母年紀大了遇到法律糾紛常會六神無主，驚慌失措，若父母已過世，留下遺產也會留下債務，子女可視情況為如下之因應作為：

1. 子女於父母在世時，可協助其整理案情及委任律師處理案件。

2. 如父母本人進行訴訟有困難，子女視情況得以法定代理人（如父母受監護宣告）或特別代理人之身分為父母主張權利。

3. 惟如父母已過世之後，子女才被債權人追償，子女因繼承父母債務可依前述長輩因應方式為對策。

4. 就繼承案件，子女尚得考慮以下因應措施：

   (1)對於父母之債務，以繼承所得遺產為限，負清償責任（參見民法第 1148 條第 2 項）。

   (2)於知悉得繼承之時起 3 個月內以書面向法院為拋棄繼承（參見民法第 1174 條）。

◆ 守住家財守護幸福

　　有錢的長輩是有心人士眼裡的肥羊，常見利用本票為犯案工具來吃掉長輩的老本，此外實務上也有濫用不動產抵押權設定、聲請法院發支付命令、製造假借據或假債權等方式。上流老人也可能遇人不淑，而淪落到晚景淒涼的地步。長輩辛苦大半輩子賺取財產，無非就是希望讓自己到老時可安享天年，還能留下遺產給子女。若是因一時不慎，遭到利誘、詐騙、脅迫或其他不正當手段而被他人侵奪老本，甚至整碗拿去，落得一貧如洗兩手空空，那真讓人不勝唏噓。因此，父母與子女皆須特別留意，守護家人也要守住家財，幸福才不會溜走！

六 人頭帳戶：帳戶給他人用會成為詐欺幫助犯？

現今社會詐欺橫行，詐騙手法花招百出，受害案件層出不窮，臺灣已淪為 ROC (Republic of Cheating)。老人家因身心退化且對人未有防備而更容易被騙，一方面要小心被別人騙財，另一方面也要小心被別人騙走帳戶資料而成為詐騙集團用來騙財所使用的人頭帳戶，反倒成為詐欺幫助犯，那就事情大條了！

◆ 老許被騙記

老許退休已 10 多年了，沒事就會滑手機在網路上與 LINE 群組裡尋求溫暖並發掘新鮮事物。老許的退休金花在生活與醫療之用已剩下不多了，他缺錢用卻不好意思跟兒子小許開口。有一天老許在網路上看到有兼職賺外快的廣告而用 LINE 聯絡後，對方回說他們是體育運彩公司人員，因為經營及匯兌金額的帳戶不夠用，故須對外承租銀行帳戶，只要提供能正常使用的存摺、提款卡及密碼即可，租金報酬計算方式為：一個帳戶 1 個月為 1 期，每期租金 3 萬元，租得越久，領得越多。老許

覺得不錯，就申請了兩個銀行帳戶，並依對方指示將相關的存摺、提款卡及密碼以超商取貨方式寄給對方，心想這樣每個月可以有 6 萬元的收入，日子應該可以過得還不錯。

沒想到 1 個月後，老許並沒有收到應有的報酬，反而收到警察的通知說他涉嫌幫助詐欺，要他到警察局說明。老許緊張分分地跟兒子小許訴苦，小許陪同老許到警局說明後才了解，原來老許被詐騙集團利用了，他提供的兩個銀行帳戶被用來作為接受被害人匯款的人頭戶，收到款項後很快就又轉出去，現在該帳戶已被凍結，卻還查不到詐騙集團的主謀，老許因涉嫌幫助詐欺而將被移送地檢署。

老許與小許面面相覷。小許怪老爸缺錢為什麼不跟他說，老許則說小許辛苦賺錢還要養兩個孫子，不想給他添麻煩，就自己想辦法，沒想到會碰上詐騙集團！

◆ 人頭帳戶成為詐騙集團的犯案工具

詐騙集團會想方設法取得人頭帳戶，以作為詐騙時指示被害人匯款的第一站，嗣後再於 ATM 取款製造金流斷點，

或是繼續層層轉匯至其他人頭帳戶而後消失無蹤。詐騙集團為獲取人頭帳戶而下手的對象，很多是涉世未深的年輕人或是糊塗一時的長者，共通點是為了貪圖小利而拱手交出帳戶資料。

詐騙集團取得人頭帳戶的花招很多，除了前述租用帳戶賺外快手法之外，實務上常見以職缺徵才、貸款融資等名義要求當事人提供銀行帳戶，也有被親友借帳戶遭濫用或是再轉出去給詐騙集團所利用，另有偽冒他人身分代為開設帳戶者，不一而足。除了人頭帳戶之外，詐騙集團還會向他人收買行動電話門號 SIM 卡作為躲避犯罪查緝的聯絡工具，讓被害者接的電話與匯款對象的帳戶都是搞不清楚狀況的人頭，而真正的主謀則隱身於幕後猶如藏鏡人。他騙得過你，但你抓不住他！

◆ 人頭帳戶的所有者涉嫌幫助詐欺

由於人頭帳戶承接被害人所匯的被騙金額，當然會成為警方追查犯罪首當其衝的目標。即使該帳戶所有者說他並沒有共謀犯罪、該款項已被轉出、而他也是受害人等語來辯解，但法院則認為人頭帳戶的提供者亦屬詐欺犯的幫助犯，對於犯罪具有不確定故意（參見臺灣高等法院 108 年度上易字第 1274 號刑事判決、105 年度上易字第 2017 號刑事判決等），

其主要理由如下：

1. **對於詐欺犯有幫助的行為**

   人頭帳戶的所有者將自己銀行帳戶的存摺、提款卡、密碼提供給真實身分不詳的他人使用，讓對方可以作為對被害人實行詐欺取財犯罪轉帳的取款工具，雖然沒有參與詐欺案，但是提供了詐欺取財的幫助，所以構成刑法的幫助行為。

2. **也可以算是故意的**

   金融帳戶是個人參與經濟活動之重要交易或信用工具，一般人都會知道要妥善保管、防止他人擅自使用自己名義金融帳戶相關物件。而且近年來不法分子利用人頭帳戶實行恐嚇取財或詐欺取財等財產犯罪案件層出不窮，已經廣為平面或電子媒體、政府機構多方宣導、披載，提醒一般民眾勿因一時失慮而誤蹈法網，輕易交付自己名義申辦之金融帳戶予他人，而成為協助他人犯罪之工具。所以把自己的帳戶交給他人，很難以「不知道會被拿去當作詐騙工具」來辯解。

◆ 人頭帳戶的所有者也可能違反洗錢防制法

　　值得一提的是立法院於 112 年 5 月通過洗錢防制法第 15 條之 2 規定，新增訂交付人頭帳戶罪之刑事處罰。依法務部之說明，該新增規定乃明定任何人無正當理由不得提供人頭帳戶，並採取先行政後司法之立法模式，違反者先由警察機關裁處告誡，告誡後 5 年以內再犯者，或惡性較高之「賣」帳戶、帳號或一行為交付三個以上帳戶、帳號者，則科以刑事處罰。法務部特別澄清，在未增訂此獨立處罰規定前，現行司法實務針對人頭帳戶係以其他犯罪（例如：詐欺罪、洗錢罪）之幫助犯論處，惟因主觀犯意證明困難，致使難以有效追訴定罪；而新法施行後，就過去無法以幫助詐欺罪、幫助洗錢罪定罪之人頭帳戶案件，將可依其惡性高低，處以行政告誡或 3 年以下有期徒刑，並無除罪化問題。另須注意，人頭帳戶案件依個案事證仍可能一併構成幫助詐欺、幫助洗錢及新增訂之交付人頭帳戶罪而從一重罪論處，不可輕忽。

◆ 如果提供行動電話、門號，也會有事嗎？

　　至於提供行動電話門號 SIM 卡的人頭，也會面臨類似前述的犯罪指控（參見臺灣高等法院 107 年度上易字第 1062 號刑事判決）。

實務上對於涉嫌幫助詐欺的人頭戶定罪率很高，除非能舉出明確事證，來證明自己不是故意要幫助犯罪，才能獲判無罪。法院審理上很多會採用簡易判決處刑程序，通常不會開庭，對於情有可原的大都不會判很重，而會視實際情節而減輕其刑，如判有期徒刑 2 個月或是拘役數十日，得易科罰金，而若是能與被害人和解或是情節輕微，則多會獲得緩刑寬典。

◆ 人頭帳戶會被列為警示帳戶

人頭帳戶所有人除了可能會被列為詐欺幫助犯之外，該人頭帳戶也可能會被列為警示帳戶。按金管會依銀行法第 45 條之 2 第 3 項規定制定「存款帳戶及其疑似不法或顯屬異常交易管理辦法」。依上開管理辦法，法院、檢察署或司法警察機關為偵辦刑事案件需要（很多是與詐欺犯罪有關），得通報銀行將特定存款帳戶列為「警示帳戶」。一旦被列為警示帳戶者，該銀行應即通知財團法人金融聯合徵信中心，並暫停該帳戶全部交易功能，匯入款項逕以退匯方式退回匯款銀行。

◆ 警示帳戶開戶人的其他帳戶也可能被暫停使用

此外，警示帳戶之開戶人所開立之其他存款帳戶也可能被銀行列為「衍生管制帳戶」，這是為了防止歹徒利用同一個

人的其他帳戶繼續行騙，而由銀行在獲悉客戶之某特定帳戶被列為警示帳戶後，且就該客戶之其他帳戶所進行的管制動作。存款帳戶被列為衍生管制帳戶者，應即暫停該帳戶使用提款卡、語音轉帳、網路轉帳及其他電子支付功能，匯入款項逕以退匯方式退回匯款銀行，但還是可以臨櫃提款。

◆ 已經發生了怎麼辦——家人適時伸手援助

　　長輩因貪圖小利而被詐騙集團騙走帳戶資料，可能衍生幫助詐欺之刑事責任，其名下帳戶也可能會遭凍結。六神無主的長輩此時最需要家人適時伸手援助，而非惡言責備。家人可視具體情形協助長輩下列事項：

> 1. 所謂預防勝於治療，家人宜經常關心長輩財務狀況，善盡扶養照顧之責，並提醒長輩妥善保管存摺、提款卡及密碼，且須注意防範詐騙集團的花招。
> 2. 如長輩說他找不到存摺、提款卡等，應儘速協助其向金融機構掛失及補辦相關程序。
> 3. 如長輩提到其被他人勸誘申請及提供銀行帳戶情事，應儘速協助其向警方報案，強調自己是被害人。
> 4. 如長輩遭警方調查其因提供人頭帳戶而涉嫌幫助詐欺，應協助長輩到案說明及提供有利事證以證明自

己之無辜、無知及無奈，懇求司法機關能從輕發落。

5. 如長輩的帳戶遭到凍結，則協助長輩向有關機構說明，以求早日就未涉案之金額獲得解禁。例如陪同親赴警察機關辦理，填具民眾解除警示帳戶申請書，並附上涉案帳戶之全部案件經裁判確定之證明或其他特定文件。

6. 協助長輩向財團法人金融聯合徵信中心申請辦理當事人註記，可註記：本人已成為身分偽冒案件被害人，請各金融機構加強身分確認，或是註記其他情事如：本人某帳戶成為詐騙集團利用。上開註記將有利於金融機構於進行客戶開戶審查時能藉由聯徵機制而預防人頭帳戶之發生。

　　總之，人頭就在自己的脖子上，千萬不要貪圖小利而提供人頭帳戶給別人使用，以免因小失大惹禍上身，那就得不償失了！

第三章
銀髮族的熟年生活照顧

■老有所依：誰來照顧父母？

　　臺灣已進入高齡社會，老人越來越多，再加上少子化的趨勢，使得人口結構變成倒金鐘型。人老了，身體或心智功能也逐漸衰退而需要長期照顧。老人家若不幸失能或失智還「失依」，那真是人間悲劇，而照顧者也是很辛苦，心事誰人知？每個人都應該未雨綢繆，為自己老了倒下而提早打算，為人子女的也要能預先做好照顧父母的規劃。

　　據媒體報導，某位名主持人表示她老了之後會選擇進養老院，不希望子女為了照顧她而被綁住，而某銀行前董事長則為了全心照顧高齡 90 幾歲的父親而辭去令人稱羨的工作。他們兩位是社會頂層人士可以如此照顧親人，但一般民眾要如何面對這難解的長照議題呢？

　　孔子期望的大同世界裡是老有所終，讓老年人能安享晚年。然而人老了卻變得越來越像小孩子，需要有人幫忙照顧，這也要讓「老有所依」變得更加重要，到底誰可以來照顧年老的父母呢？這不應只在選舉時才拿來

> 誇口撒錢，更是國家與家庭長治久安的重要議題。

◆ 配偶：執子之手與子偕老

很多父母老了，只跟配偶一同居住，而子女早已離家自組家庭，真的需要幫忙時，未必叫得動，遠水也救不了近火。對照子女年幼時，父母的費心照顧，真令人感慨萬千。反倒是配偶真的就是「老伴」：那個長期牽絆著，到老時仍陪伴在旁的另一半。老夫老妻中一個身體或心智走下坡，另一半就更辛苦了，要買菜煮飯做家事，還要陪去看醫生。若是有臥病在床不良於行的，老伴更是勞心勞力，翻身擦拭之外還得把屎把尿，而許多接觸到身體私密部位的照顧動作，連子女都做不來，終究是老伴的手最暖！

◆ 子女：慈烏反哺以報親

若是父母兩老都倒下，或是其中一個先走了，剩下的變成獨居老人，子女先前再怎樣輕忽父母，也該挑起反哺的重擔。畢竟不管依人倫之常或是法律規定，子女本有負擔扶養父母的義務。然而照顧老人家談何容易？有的子女彼此會推來推去，把照顧父母的責任推給住得比較近或是比較有錢的兄弟姊妹。有的子女還會斤斤計較父母對誰比較好，由誰獲

得的贈與或分到的遺產比較多，來決定自己是否要照顧父母。有的子女則對於照顧方式如一起住、請外籍看護、送到養老院等方式以及費用如何分擔爭論不休。為了照顧的問題，家人就吵成一團，看在父母眼裡，真是五味雜陳，情何以堪。

即使子女有心孝順，但若是父母陷入失能或失智狀態，子女白天上班，晚上照顧父母，不僅會做到累死，照顧也不夠周到。有的子女事親至孝，甚至會辭掉工作，搬回老家，陪伴父母度過晚年。子女溫暖的照顧看在父母的眼裡，雖然會感動莫名，但也會萬分不捨，因為自己辛辛苦苦養大子女，就是希望他們成長茁壯後能展翅高飛，開創一番新天地，而不是被父母綁在一起坐困愁城。

◆ 看護：同是天涯淪落人

子女孝順父母乃天經地義，但實際照顧老人家的卻常常是看護，很多還是外籍幫傭。長者與看護就身體狀況與經濟能力來說都算是社會弱勢，同是天涯淪落人，彼此依靠在一起。看護可能是由父母用他們的老本請的，或是子女自己掏腰包花錢請的，這也是現代社會專業分工必然的趨勢。畢竟子女有自己的工作以及家庭要照顧，請看護來分擔工作更符合經濟效率，但若是把照顧父母的事全都丟給看護就撒手不管，那就失去親情的慰藉，等於是將孝順父母的責任全部外

包給看護，這可會讓孝道變質。因此除了花錢請看護之外，子女也應經常探望父母噓寒問暖多關心。

　　請看護也是一筆龐大的開銷，本國籍看護每個月要 6 萬元以上，而外國籍看護則約 3 萬元。一般民眾若是有照顧父母請看護的需求，綜合考慮到經濟狀況，多會優先考慮找外籍看護，但依就業服務法及相關法令，則須遵守一定程序，主要有三道關卡：

1. **受照顧者有由醫療機構開具「病症暨失能診斷證明書」，或當地主管機關開具之身心障礙證明：**

　　這是要確認受照顧者之身心障礙狀況符合法令規定得申請外籍看護的標準，並由專業的醫師來認定。在「病症暨失能診斷證明書」中原則上需要附上「各項特定病症、病情及健康功能附表」以及「巴氏量表」（此係評估受照顧者在進食、移位、平地走動、穿脫衣服、個人衛生、如廁等事項的困難狀況）。另須注意自 112 年 10 月起政府放寬部分對象免評巴氏量表，例如使用長照服務超過 6 個月仍無法滿足照護需求者、失智評估量表輕度以上以及特定身心障礙者等，可省略巴氏量表的評估。

※　巴氏量表(Barthel Index)　　　　　　　　　被看護者姓名：

項　目	分數	內　容
一、進食	10	☐自己在合理的時間內(約 10 秒鐘吃一口)．可用筷子取食眼前食物．若須_使用_進食輔具，會自行取用穿脫，不須協助．
	5	☐須別人協助取用或切好食物或穿脫進食輔具．
	0	☐無法自行取食．
二、移位 (包含由床上平躺到坐起，並可由床移位至輪椅)	15	☐可自行坐起，且由床移位至椅子或輪椅，不須協助，包括輪椅煞車及移開腳踏板，且沒有安全上的顧慮．
	10	☐在上述移位過程中，須些微協助(例如：予以輕扶以保持平衡)或提醒．或病安全上的顧慮．
	5	☐可自行坐起但須別人協助才能移位至椅子．
	0	☐須別人協助才能坐起，或須兩人幫忙方可移位．
三、個人衛生 (包含刷牙、洗臉、洗手及梳頭髮和刮鬍子)	5	☐可自行刷牙、洗臉、洗手及梳頭髮和刮鬍子．
	0	☐須別人協助才能完成上述盥洗項目．
四、如廁 (包含穿脫衣物、擦拭、沖水)	10	☐可自行上下馬桶，便後清潔，不會弄髒衣褲，且沒有安全上的顧慮．倘使用便盆，可自行取放並清洗乾淨．
	5	☐在上述如廁過程中須協助保持平衡．整理衣物或使用衛生紙．
	0	☐無法自行完成如廁過程．
五、洗澡	5	☐可自行完成盆浴或淋浴．
	0	☐須別人協助才能完成盆浴或淋浴．
六、平地走動	15	☐使用或不使用輔具(包括穿支架義肢或無輪子之助行器)皆可獨立行走 50 公尺以上．
	10	☐需要稍微扶持或口頭教導方向可行走 50 公尺以上．
	5	☐雖無法行走，但可獨立操作輪椅或電動輪椅(包含轉彎、進門及接近桌子、床沿)並可推行 50 公尺以上．
	0	☐需要別人幫忙．
七、上下樓梯	10	☐可自行上下樓梯(可抓扶手或用拐杖)．
	5	☐需要稍微扶持或口頭指導．
	0	☐無法上下樓梯
八、穿脫衣褲鞋襪	10	☐可自行穿脫衣褲鞋襪，必要時使用輔具．
	5	☐在別人幫忙下，可自行完成一半以上動作．
	0	☐需要別人完全幫忙．
九、大便控制	10	☐不會失禁，必要時會自行使用塞劑．
	5	☐偶而會失禁(每週不超過一次)，使用塞劑時要別人幫忙．
	0	☐失禁或需要灌腸．
十、小便控制	10	☐日夜皆不會尿失禁，必要時會自行使用並清理尿布尿套．
	5	☐偶而會失禁(每週不超過一次)，使用尿布尿套時需要別人幫忙．
	0	☐失禁或需要導尿．
總分		分（總分須大寫並不得有塗改情形，否則無效）

醫師簽章：　　　　　　　　　　　　　　其他評估人員：

（簽名並蓋章）　　　　　　　　　　　　（簽名或蓋章）

圖 3-1　巴氏量表

2. **由長期照顧管理中心推介本國籍看護，而無法推介成功：**

這是為了保障本國籍看護的工作權。若是無符合條件的本國籍看護或是申請人有正當理由拒絕媒合結果，長照中心才會將案件轉送至勞動部。

3. **由勞動部核發招募許可函及聘僱許可後，申請人始能聘僱外國籍看護：**

這是由勞動部審核把關招募及聘僱外籍看護事宜。申請人若是透過人力仲介公司協助，也應謹慎挑選正派的業者與適合的外籍看護，以防範勞資糾紛甚至引狼入室。

子女為父母申請外籍看護亦應注意避免觸法，實務上常見有雇主聘僱未經許可或許可失效的外籍看護、指派所聘僱的外籍看護從事許可以外的工作如照顧小孩、任意變更工作場所、非法扣留或侵占外籍看護之護照、居留證等情事，因而違反就業服務法第 57 條規定而遭受處罰，甚至有偽造巴氏量表者而涉犯偽造文書之刑責。

子女若是為了照顧父母而請外籍看護卻違法受罰，無異是雪上加霜，執法的行政官員與審判的法官看到這類案件也

會於心不忍。誠如在某民眾因聘僱非法外勞照顧失能的父親而遭罰的案件中，法官即在判決書上慨嘆：「聘僱外籍看護必須符合相關法規，而目前申請外籍看護的審核程序及要件均極為繁瑣、嚴格，不少有需求的家庭卻可能因要件不符而難以申請，在經濟與現實環境之考量下，不時發生民眾違法聘僱外籍看護之違規情形，甚至亦曾發生民眾偽造巴氏量表之行為，以上種種其實都是凸顯國內長期以來看護申請門檻過高的問題，也因此一直以來不時有要求放寬外籍看護申請制度之聲浪，近來亦有建構國內完整長照體系之建議與相關法案之立法。而在目前外籍看護申請制度及我國長照體系未臻完備之際，對於民眾偶發之違章行為，被告機關在作成裁罰與裁量時，更需審慎為之」（參見臺灣桃園地方法院 105 年度簡字第 150 號判決）。冷冰冰的法律條文之外，更需要建立溫暖而健全的社會制度！

◆ 政府：國家能為我做些什麼

關於長輩照顧的需求，雖然既有的社會安全體系有由中央政府提供社會保險，如勞保中的失能給付、老年給付與其他福利措施；以及各地方政府提供的老人津貼等，但給付金額其實不夠用。自行政院於 96 年核定第一個「長期照顧十年計畫」之後，106 年開始實施「長期照顧服務法」及開啟第

二個長照計畫（俗稱：長照 2.0），不僅擴大服務對象，也增加更多服務項目，且提供讓照顧者喘息的支援服務。

長照 2.0 可申請的對象包括：65 歲以上失能老人、55 歲以上失能原住民、50 歲以上失智症患者、失能之身心障礙者以及 65 歲以上需協助之獨居老人與衰弱老人等。長照服務提供之方式有：居家式、社區式、機構住宿式、家庭照顧者支持服務及其他經主管機關公告之服務方式。值得注意的是，長照 2.0 特別強調建立以社區為基礎的長照服務體系，並規劃推動試辦社區整體照顧模式，設立「社區整合型服務中心（A 級長照旗艦店）」—「複合型服務中心（B 級長照專賣店）」—「巷弄長照站（C 級長照柑仔店）」的社區整體照顧 ABC 模式，建構綿密的照顧資源網絡，提供民眾整合、彈性，且具近便性的照顧服務。

關於長照 2.0 的相關資訊與申請事宜，民眾可撥打 1966 長照專線或是瀏覽衛福部長照專區（參見書末附錄 A–6）。

綜合言之，長照 2.0 提供四大服務，包括：

1.照顧及專業服務：

提供居家照顧、社區照顧及專業服務，依失能等級每月給付 10,020～36,180 元。居家照顧是由受過專業訓練的照顧服務員到家中協助身心失能者，包含

基本身體清潔、基本日常照顧、測量生命徵象、餵食、餐食照顧、協助沐浴及洗頭、陪同外出或就醫、到宅沐浴車服務等。社區照顧是將失能者送到長照服務提供單位接受服務，提供生活照顧、健康促進、文康休閒活動等。專業服務則是針對失能者的身心狀態及復能動機，導入維持或提升自我照顧能力不退化的復能照護服務，以及針對營養、進食與吞嚥、困擾行為、臥床或長期活動受限等照護服務，提供失能個案個人化的整體性照顧指導，避免個案因受照顧不當，而衍生更多的醫療及照顧需要，讓個案可逐步恢復自立生活，減少家庭照顧者照顧負荷。

2. **交通接送服務：**

協助失能者往返醫療院所就醫或復健，依失能等級及居住地區每月給付 1,680～2,400 元。

3. **輔具與居家無障礙環境改善服務：**

包括居家生活輔具購置或租賃，如助行器、拐杖、輪椅、移位腰帶、居家用照顧床等以及居家無障礙設施改善，如可動式扶手、固定式斜坡道、防滑措施等，每 3 年給付 40,000 元。

4. 喘息服務：

此部分是提供短期照顧服務，讓家庭照顧者獲得休息，依失能等級每年給付 32,340～48,510 元。

　　舉例而言，照顧及專業服務係依失能等級決定每月給付的額度（10,020～36,180 元），若失能等級為最高之第 8 級，給付額度為 36,180 元。關於失能者之部分負擔比率，低收入戶為 0，中低收入戶為 5%，一般戶為 16%。政府不會實際支付金額給失能者，而是由政府安排長照服務人員提供照顧及專業的服務，政府再將款項支付給長照人員。長照的運作模式類似全民健保，民眾接受長照或醫療服務之給付，費用則由政府支付給服務提供者。

◆ 保險：我為人人，人人為我

　　長照 2.0 的經費主要來自遺產稅與贈與稅增加特定稅率之收入以及菸品相關稅捐等，財源有限而可能入不敷出。有需求的長輩未必能符合長照 2.0 所定義的失能資格，而符合資格者所得獲的長照給付額度也可能不夠用。因此，民眾有必要另闢管道尋求支援，主要的工具則為保險，亦即透過保險公司將風險轉嫁給所有投保大眾分擔，其實也是我為人人，人人為我。

與長期照顧有關的商業保險主要有三：

1. **長期照顧險：**

   理賠認定標準為被保險人符合長期照顧狀態，也就是構成生理功能障礙（在六項日常生活自理能力包括進食、移位、如廁、沐浴、平地行動、更衣中持續存有三項以上障礙），或是認知功能障礙（在時間、場所、人物中有二項以上持續存有分辨障礙）。這需要醫師依巴氏量表或其他臨床專業評量判定，還需定期提供確診證明。

2. **特定傷病險（類長照險）：**

   理賠認定標準為被保險人罹患保險合約所定的特定重大疾病，如腦中風、癱瘓、帕金森氏症、阿茲海默症等。

3. **失能扶助險：**

   理賠認定標準為保險合約所附之失能等級表（分為11 級），理賠認定相對上較長期照顧險明確。

綜上，父母年紀大了，可能會走上失能、失智的窮途末路而需要長期照顧，現實生活中未必能看到矜寡孤獨廢疾者皆有所養的大同世界。俗話說「久病床前無孝子」，而子女最怕聽到父母說「我活得好痛苦」、「不想活了」、「想早點去

死」、「不要給你們添麻煩了」等喪氣話。其實父母與子女也可以面對面好好溝通老人照顧議題，事先規劃長期照顧方案，有效整合配偶、子女、看護、政府及保險等照護資源，撐起階層式的保護傘，讓父母活得快樂也活得有尊嚴！

■二反哺之孝：子女有扶養父母的義務嗎？

〈孝思賦〉有言：「慈烏反哺以報親」。然而現今社會家庭倫理觀念淡薄，常見子女不肖還爭產的家庭悲劇，反倒是有的父母到老還孝順子女，子女卻淪為啃老族，讓人不勝唏噓。甚至有些父母在預計身體走下坡前，為了減輕子女未來照顧父母的壓力或是為了節省遺產稅，乃提早規劃先贈與金錢或不動產給子女。父母對子女的愛與付出，猶如「春蠶到死絲方盡」，令人敬佩。但我們也要提醒子女：反哺不僅是人倫之常，法律也有規定子女有扶養父母的義務。謹提供一些法律常識供父母子女參考：

◆ 子女扶養父母是人倫之常，也有法律上的義務嗎？

依法律規定，直系血親互負扶養之義務（參見民法第1114條），而負扶養義務者有數人時，直系血親卑親屬是第一順位的義務人（參見民法第1115條）。父母與子女就是直系血親的親屬，父母固然應扶養年幼的子女，子女長大後對父母也有扶養的義務，責無旁貸。而對於中壯年來說，常是上有高堂，下有幼子，夾在中間的壓力很大，有如三明治，對於父母與子女都有扶養的義務，其實是很辛苦的，惟若是其

經濟能力，不足扶養全體之受扶養權利人時，法律規定以直系血親尊親屬為最優先（參見民法第 1116 條）。因此，為人子女不能以自己還有子女要養為藉口，而不扶養自己的父母。

◆ 若父母有謀生能力，子女也要扶養父母嗎？

法律規定父母受扶養之權利是以其不能維持生活，而非以無謀生能力為要件（參見民法第 1117 條）。所謂「不能維持生活」，係指不能以自己之財產及勞力所得維持自己之生活而言。故若父母有相當資產，得以維持生活，則子女不負有扶養義務。惟若父母窮困，不能維持生活，即使父母有謀生能力，子女對父母仍應負擔扶養的義務，不能強迫父母老了還要去找份工作養活自己。

◆ 子女扶養父母要到何種程度？需要犧牲自己嗎？

依法律規定，扶養之程度，應按受扶養權利者之需要，與負扶養義務者之經濟能力及身分定之 （參見民法第 1119 條）。而當負扶養義務的子女有數人時，應各依其經濟能力，分擔義務（參見民法第 1115 條）。所謂「受扶養權利者之需要」，應係指一個人生活之全部需求而言，舉凡衣食住行之費用、醫療費用、休閒娛樂費等，均包括在內。所謂「扶養程度」在父母子女之是指生活保持義務，而非僅為輕微之扶助

而已。且法院認為，子女即使雖無餘力，亦須犧牲自己而扶養父母。不過若子女因負擔扶養父母的義務而不能維持自己的生活者，依法得減輕其義務，但不能免除（參見民法第1118條）。

140

◆ 子女扶養父母的方法有哪些？如何決定？

關於子女扶養父母的方法，可能是由子女迎養父母一同居住，或是委由安養機構照護，也可能是給與父母扶養費或安排其他方式。扶養方法原則上是由當事人協議定之；若不能協議時，則由親屬會議定之。但就扶養費之給付，當事人不能協議時，由法院定之（參見民法第1120條）。

實務上認為：若當事人就是否以扶養費之給付為扶養之方法不能協議者，則仍應回歸法條規定由親屬會議定之，尚不得逕向法院訴請給付扶養費，而於當事人已協議以扶養費之給付為扶養之方法，而僅對扶養費給付金額之高低，不能達成協議時，始可逕向管轄法院聲請裁判之（參見最高法院100年度台上字第2150號民事判決）。

惟就扶養之方法，倘若仍無法由親屬會議定之者，實務上認為宜由法院裁判為當（參見最高法院45年度台上字第346號民事判決）。

◆ 扶養費應如何計算？有無一般行情？

關於扶養費之計算，若當事人不能實質舉證，法院常會以行政院主計總處公布之各縣市特定年度之每人每月平均消費支出為計算基準（參見書末附錄 A-9）。這是因為扶養之程度須考量受扶養權利者之需要，應是指一個人生活之全部需求。而行政院主計處就我國各縣市所為之家庭收支調查報告中「消費支出」項目，計有：食品費、飲料費、衣著及鞋襪費用、燃料及水電費、家庭設備及家事管理費、保健醫療費用、運輸通訊費用、娛樂教育及文化服務費用與其他雜項支出等項，包含日常生活所需之食衣住行育樂各項費用在內，堪認該消費支出涵蓋扶養直系血親尊親屬所需之各項費用，能正確反映一般國民生活水準之數據（參見臺灣高等法院100 年度家上字第 227 號民事判決）。

舉例而言，行政院主計處公布之臺北市 111 年每人每月平均消費支出為 33,730 元，可採為受扶養人每月基本生活費用數額。因此，為人子女的也可用上開基準衡量每個月給父母的扶養費是否符合社會水平。但若是父母年老重病或失能，尚須綜合考量實際所需之生活費、醫療費、看護費等，不能僅以一般標準而定。例如現在外籍看護工一個月費用約 3 萬元左右，而本國看護費用更高，若再加上其他支出，實際費

用應該會比前開平均消費支出高出許多。

◆ 子女給父母的扶養費，應定期給付還是一次給付？

法院認為，扶養費是維持受扶養權利人生活所需之費用，其費用之需求係陸續發生，如果沒有其他特別情事使扶養義務人有一次給付之必要，應以定期給付為原則（參見臺灣新北地方法院 103 年度家親聲字第 838 號民事裁定）。而法院訂定給付的方法，不受聲請人聲明之拘束（家事事件法第 126 條準用同法第 100 條）。

不過若父母能舉出特別情事（例如子女過往有到期扶養費未給付，或長期居住在國外難以確保履行之情形），可以證明有命扶養義務人一次給付之必要，法院亦可能為一次給付之判決（參見臺灣臺中地方法院 94 年度家訴字第 288 號民事判決）。

◆ 子女若沒有依法院判決定期付扶養費可能要一次付清

法院命給付定期金者，得酌定逾期不履行時，喪失期限利益（也就是提前到期）之範圍或條件，並得酌定加給之金額，但其金額不得逾定期金每期金額之二分之一。例如為恐日後子女有拒絕或拖延給付扶養費之情，為確保父母受扶養

之權利，由法院宣告定期每月 5 日前給付 3 萬元，遲誤一期履行者，其後 5 期之期間視為亦已到期。

◆ 使用霍夫曼係數與公式，計算一次給付扶養費之金額

法院一般會依政府每年公布之臺閩地區簡易生命表（參見書末附錄 A-10），估計受扶養之父母尚有幾年餘命（還可以活多久），另考量將來各期之給付要於現在一次性給付，需扣除中間利息以計算折現值，實務上通常採用霍夫曼係數與公式，計算一次給付扶養費之金額。

💡知識＋

中間利息

金錢具有時間價值，例如現在的 1 元在未來多年後的價值會更高，因為本金隨著時間經過尚會有利息產生，從而增加金錢的未來價值。反向言之，未來特定金額於現在給付時，則須扣除中間利息（實務上以法定年利率 5% 單利計算），以計算折現值。

最高法院最早考慮中間利息的實務見解為：「依民法第 193 條第 1 項命加害人一次支付賠償總額，以填補被害人所受喪失或減少勞動能力之損害，應先認定被害人因喪失或減少勞動能力而不能陸續取得之金額，按其日後本可陸續取得之時

期，各照霍夫曼式計算法，扣除依法定利率計算之中間利息，再以各時期之總數為加害人一次所應支付之賠償總額，始為允當」（參見最高法院 22 年上字第 353 號民事判例）。此扣除中間利息之折現計算方式，亦體現於未來應付之扶養費於現在給付時之計算。

值得一提的是，司法院於網路上提供「霍夫曼一次給付試算」的小工具（參見書末附錄 A-11），可供民眾簡便操作，還提供計算式的例稿供使用。例如：假設每月給付扶養費為 3 萬元，受扶養人餘命為 10 年，則實際操作可以得知，一次給付金額為：2,924,355 元（而非 360 萬元，因為需要扣除中間利息以計算折現值）。

其計算式之例稿為：「依霍夫曼式計算法扣除中間利息（首期給付不扣除中間利息）核計其金額為 2,924,355 元【計算方式為： $30,000 \times 97.47848551 = 2,924,354.5653$ 。其中 97.47848551 為月別單利 (5/12)% 第 120 月霍夫曼累計係數。採四捨五入，元以下進位】」。

◆ 只有自己在付父母的扶養費，如何向手足請求返還？

如子女未依法對父母負擔扶養義務，父母對子女可以主張權利。若是部分子女盡心盡力扶養父母，亦有必要對不扶

養父母的兄弟姊妹請求返還代墊的扶養費，其**法律依據為民法第 179 條**不當得利的規定，亦即：「無法律上之原因而受利益，致他人受損害者，應返還其利益」（不當得利於第一章的「九、據法力爭：債務人欠錢怎麼要？」有介紹）。

惟須注意如前所述，若父母有相當資產得以維持生活，則子女不負有扶養義務，此時如有子女代墊父母之扶養費，則其他子女並無不當得利而須返還墊款的義務。不過就法論法，該墊款的子女其實對父母享有返還墊款的權利，即使不好意思跟父母親索取，但如將來父母親過世之後，仍得於遺產分割時主張扣還。實務上認為被繼承人生前對於繼承人所負之未償債務，應由全體繼承人負返還之義務，於遺產分割時應如何扣還，法雖無明文，惟如由該繼承人自被繼承人處取得應繼財產後，再向全體繼承人請求清償債務，同將使法律關係趨於複雜，本於簡化繼承之法律關係，得類推適用民法第 1172 條規定，由應繼財產中扣還該繼承人（參見臺灣高等法院 105 年度家上字第 63 號民事判決）。

◆ 子女如曾受到父母不合理的對待，可以減免扶養義務嗎？

父母對子女如有下列情形之一，由子女負擔扶養義務顯失公平，子女得請求法院減輕其扶養義務：1.對子女為虐待、

重大侮辱或其他身體、精神上之不法侵害行為；2.對子女無正當理由未盡扶養義務。如果父母對子女有前述情形且情節重大者，法院得免除子女對父母之扶養義務（參見民法第1118條之1）。

146

　　值得注意的是，實務上有一種社會現象是有些貧困老人明知過往並未對子女善盡扶養義務，但仍向法院提告訴請子女給付扶養費，惟其目的並非求勝而是希望獲得敗訴判決（如子女具有前述免除扶養義務之事由），如此「獨孤求敗」則其可符合社會救助法關於低收入戶的資格而獲得社會救助。這是因為低收入戶的審核是依據家戶所得，一般會將配偶、子女等家人的收入算進，但如有特殊情形，未履行扶養義務，致申請人生活陷於困境，則可不列入計算（參見社會救助法第5條第3項第9款）。

　　總之，子女孝順父母，實乃天經地義。孝順有很多方面，情感與經濟同樣重要。子女有扶養父母的義務，不僅是人倫之常，也有法律規定。扶養是提供經濟上的支持，更要能真心守護，讓父母感受到親情的溫暖！

法律參考工具

子女需要犧牲自己來撫養父母

　　子女對於父母之扶養義務，既係生活保持義務，身為扶養義務者

之子女雖無餘力，亦須犧牲自己而扶養父母（參見臺灣高等法院 98 年度家上易字第 8 號民事判決）。

以不當得利來請求返還代墊的扶養費

扶養義務人如支付受扶養權利人超過其應負擔部分之扶養費時，而使其他扶養義務人無法律上原因而受利益，並致自己受有損害，自得就逾越其原應負擔之部分，依不當得利之法律關係，向其他扶養義務人求償（參見臺灣士林地方法院 105 年度家親聲抗字第 15 號民事裁定）。

扶養費一次給付之計算方式

扶養費之支出依通常情形，固係依時日之經過而漸次給付，惟依此方式給付如有窒礙難行而不足以保障受扶養權利者之需要時，受扶養權利者得請求為一次給付。法院如命為一次給付，應依霍夫曼式計算法按週年利率 5% 扣除中間利息（參見最高法院 89 年度台上字第 1223 號民事裁定）。

法條大補帖　民法關於扶養的主要規定

第 1114 條

左列親屬，互負扶養之義務：

一、直系血親相互間。

二、夫妻之一方與他方之父母同居者，其相互間。

三、兄弟姊妹相互間。

四、家長家屬相互間。

第 1115 條

① 負扶養義務者有數人時，應依左列順序定其履行義務之人：

　　一、直系血親卑親屬。

　　二、直系血親尊親屬。

　　三、家長。

　　四、兄弟姊妹。

　　五、家屬。

　　六、子婦、女婿。

　　七、夫妻之父母。

② 同係直系尊親屬或直系卑親屬者，以親等近者為先。

③ 負扶養義務者有數人而其親等同一時，應各依其經濟能力，分擔義務。

第 1116 條

① 受扶養權利者有數人，而負扶養義務者之經濟能力，不足扶養
其全體時，依左列順序，定其受扶養之人：

一、直系血親尊親屬。

二、直系血親卑親屬。

三、家屬。

四、兄弟姊妹。

五、家長。

六、夫妻之父母。

七、子婦、女婿。

② 同係直系尊親屬或直系卑親屬者，以親等近者為先。

③ 受扶養權利者有數人而其親等同一時，應按其需要之狀況，酌
為扶養。

第 1116-1 條

夫妻互負扶養之義務，其負扶養義務之順序與直系血親卑親屬同，
其受扶養權利之順序與直系血親尊親屬同。

第 1116-2 條

父母對於未成年子女之扶養義務，不因結婚經撤銷或離婚而受影
響。

第 1117 條

① 受扶養權利者，以不能維持生活而無謀生能力者為限。

② 前項無謀生能力之限制，於直系血親尊親屬，不適用之。

第 1118 條

因負擔扶養義務而不能維持自己生活者，免除其義務。但受扶養權利者為直系血親尊親屬或配偶時，減輕其義務。

第 1118–1 條

① 受扶養權利者有下列情形之一，由負扶養義務者負擔扶養義務顯失公平，負扶養義務者得請求法院減輕其扶養義務：

　　一、對負扶養義務者、其配偶或直系血親故意為虐待、重大侮辱或其他身體、精神上之不法侵害行為。

　　二、對負扶養義務者無正當理由未盡扶養義務。

② 受扶養權利者對負扶養義務者有前項各款行為之一，且情節重大者，法院得免除其扶養義務。

③ 前 2 項規定，受扶養權利者為負扶養義務者之未成年直系血親卑親屬者，不適用之。

第 1119 條

扶養之程度，應按受扶養權利者之需要，與負扶養義務者之經濟能力及身分定之。

第 1120 條

扶養之方法，由當事人協議定之；不能協議時，由親屬會議定之。但扶養費之給付，當事人不能協議時，由法院定之。

第 1121 條

扶養之程度及方法，當事人得因情事之變更，請求變更之。

三 監護宣告：怎麼保護失智的長輩？

　　每年的 9 月份是國際失智症月，許多民間機構舉辦活動來破除民眾對失智症的迷思，而政府也已擬定於 107 年至 114 年推動「失智症防治照護政策綱領暨行動方案 2.0」。失智老人的辛酸故事很多，家家有本難念的經，如人飲水，冷暖自知。為了讓更多人認識失智老人的相關議題，天主教失智老人基金會與六藝劇團多年來合作《我愛阿嬤妮》公益舞臺劇，巡迴演出關於失智老人與家人共同勇敢面對人生的故事。金馬獎導演楊力州也曾拍攝《被遺忘的時光》紀錄片，將一群在安養院裡飽受失智症困擾的老人們的一點一滴記錄下來。名作家王文興所寫的《家變》巨著即是以一個老爸突然離家出走作為故事的起頭，換作今日我們亦常聽聞甚至親身經歷許多失智老人莫名其妙就失蹤不見的現實案例。

　　日本電影《阿嬤，不要忘記我》講述失智老人的故事，更是賺人熱淚。孫子小翼跟阿嬤感情最好了，祖孫倆常相處在一起無話不談，阿嬤還會到學校接小翼回家，甚至幫孫子處理被霸凌的問題。誰知道身體一向健朗且剛過完大壽生日的阿嬤突然變得怪怪的，開始會忘東忘

西，還會莫名生氣。阿嬤被醫生診斷失智之後，家裡空氣變得凝重起來，子女們為了養護責任起了爭執，媳婦夾在中間也很為難，還辭掉工作在家照顧婆婆，小翼與阿嬤的關係則不復從前而有所疏遠。直到有一天阿嬤突然失蹤不見了，家人憂心如焚到處尋覓，小翼無意間打開阿嬤收藏的鐵盒子，赫然發現裡面層疊了很多小紙條，原來阿嬤知道自己失智後，開始趁自己有意識時把還記得的事情寫下來，怕很快就會忘記了。小翼一張張讀，熱淚盈眶，原來阿嬤很想要記住跟他在一起點點滴滴的美好時光……。這是失智家庭的寫照：老人失智、小孩增智、家人失去理智。

　　臺灣邁入高齡社會，失智老人的問題漸漸受到重視，每個家庭都可能需要面對。除了身體照顧安養之外，老人的財物安全也需受到保護，以免遭到有心人士偷拐搶騙。有些老人雖然尚未失智，但心智能力已老化，也是受害的高危險群。社會上神出鬼沒的詐騙分子形形色色，甚至新聞有粉紅佳人專挑有錢的老男人下手，她們用美麗的臉龐、溫暖的身體以及鬼話連篇的甜言蜜語擄獲老男人的心，再勸誘其出售或移轉名下財產甚至包括起家厝，一旦得手後就人間蒸發，造成人財兩失的家庭悲劇，不可不慎！

◆ 事後救濟的困難

　　精神有缺陷或是失智的老人容易被騙，而做出對自己不利的法律行為，例如將名下不動產出售、贈與或為其他處分；又或是遭他人哄騙而簽下巨額本票，導致後來收到法院強制執行的命令，進而使其財產遭扣押拍賣。就法律救濟來說，除追究加害人的刑事責任之外，老人或其親人可協助採取以下民事求償措施：

> 1. **主張法律行為無效：**
>   主張法律行為之意思表示係在無意識或精神錯亂中而屬無效，從而請求回復不動產之原狀。但若不動產已處分給善意第三人，則該第三人受到善意受讓的法律保護，老人只能向侵權行為人主張賠償損害金額。
>
> 2. **主張撤銷法律行為：**
>   若無法成功主張係自始無效之法律行為，則另主張係受到他人詐欺而撤銷原先之意思表示，從而請求回復不動產之原狀，但還是會有前述第三人保護的問題。另須注意撤銷受詐欺之意思表示須於發見詐欺後 1 年內為之。

3. **主張票據行為有瑕疵：**

如因被拐騙簽發本票而收到法院執行命令，可提起債務人異議之訴，如係遭偽造本票，則尚可提起確認本票債權不存在之訴。

雖然失智老人可提出前述的法律救濟，但因其已欠缺健全意識，難以自主保護權益，勢必需要家人的協助，家人得聲請法院選任特別代理人以進行訴訟程序。惟即使提起訴訟，行為時之意思狀態需要透過專業醫療鑑定，也應善盡訴訟上的舉證責任，有相當難度。縱使最後勝訴，如加害人已花費殆盡、逃之夭夭，或是早已將財產轉給第三人，仍會面對求償無門的困境。

◆ 監護宣告的保護

由上可見，失智老人被騙取財物後事後救濟的困難。防患於未然，家人最好能協助老人事前規劃以保護其權益，可考慮聲請法院為監護宣告。透過監護宣告，失智老人喪失法律行為與處分其財產的能力，改由監護人來擔任法定代理人，且受到法律的規範與法院的監督，較能有效地維護失智老人的財產安全。

民法設有監護制度可保護失智老人的權益。依民法相關

規定，受監護宣告之人，無行為能力，而無行為能力人之意思表示，無效。受監護人之法定代理人為監護人，需以善良管理人之注意，執行監護職務，且於受監護人之財產，非為受監護人之利益，不得使用、代為或同意處分。此外，受監護人購置或處分不動產，非經法院許可，不生效力。如有心人士要詐騙失智老人不動產，因失智老人已在戶籍系統有監護宣告之註記，地政機關檢視相關資訊得以提早有所警示，而不動產之處分又需經過監護人代理與法院許可，等於設定有雙保險，而得預先防免詐偽情事。惟倘若老人精神障礙或失智程度輕微，尚不足以為監護宣告，則可透過民法另設之輔助宣告制度，由法院指定之輔助人藉由同意機制來協助保護受輔助宣告的老人。

關於聲請監護宣告的實務運作，法院得因本人、配偶、四親等內之親屬、最近 1 年有同居事實之其他親屬、檢察官、主管機關或社會福利機構之聲請，為監護之宣告；法官會同醫院的鑑定醫師訊問被聲請監護宣告之人，並參酌鑑定醫師出具的精神鑑定報告，決定是否為監護宣告；此外，法官另會命主管機關、社會福利機構或家事調查官對相關人員進行訪視，提出調查報告及建議，以選定監護人，並同時指定會同開具財產清冊之人。

以經營之神王永慶先生的元配王月蘭女士為例，她因失智而被法院為監護宣告，並指定王永慶二房長子王文洋先生為監護人，以及兩名律師為會同開具財產清冊之人（參見臺北地方法院100年度監宣字第323號民事裁定）。

◆ 意定監護

法院選定監護人時，應以受監護宣告之人之「最佳利益」為依歸，畢竟監護人於監護權限內為受監護人之法定代理人，可以代為管理財產，影響相當深遠。然而以失智老人來說，其畢生積蓄的財產卻常成為子女甚至外人覬覦爭奪的對象，監護宣告制度恐淪為爭產的攻防武器，卻未必符合失智老人的最佳利益。所幸108年通過民法修正案而增設「意定監護」新制，讓老人能在意識清楚的時候以自由意志預先決定意定監護受任人，等到老人發生精神障礙或其他心智缺陷時，該受任人亦得聲請法院為監護宣告，法院原則上會以該受任人為監護人。法務部訂有意定監護契約參考範本可供參考（參見書末附錄C–3）。

知識＋

關於「意定監護」的要點

1. 意定監護的意義：

意定監護是指本人與受任人約定，於本人受監護宣告時，受任人允為擔任監護人之契約。

2. 意定監護的受任人：

得為一人或數人；其為數人者，除約定為分別執行職務外，應共同執行職務。

3. 意定監護須辦理契約公證：

意定監護契約之訂立或變更，應由公證人作成公證書始為成立，公證時應有本人及受任人在場，向公證人表明其合意。公證人作成公證書後 7 日內，以書面通知本人住所地之法院。

4. 意定監護生效時點：

意定監護契約於本人受法院之監護宣告時，發生效力。

5. 法院之監護宣告：

法院為監護之宣告時，受監護宣告之人已訂有意定監護契約者，應以意定監護契約所定之受任人為監護人，同時指定會同開具財產清冊之人。其意定監護契約已載明會同開具財產清冊之人者，法院應依契約所定者指定之。

6. 意定監護契約之撤回與終止：

法院為監護之宣告前，意定監護契約之本人或受任人得隨時撤回之，且應以書面先向他方為之，並由公證人作成公證書後，始生撤回之效力。公證人作成公證書後 7 日內，以書面通知本人住所地之法院。契約經一部撤回者，視為全部撤回。法院為監護之宣告後，本人有正當理由者，得聲請法院許可終止意定監護契約。受任人有正當理由者，得聲請法院許可辭任其職務。

◆ 醫療照護之處理

　　監護人除代為處理受監護宣告之人財產事務外，就其醫療照護相關事項，尚須依醫療照護法規辦理（例如：醫療法第 63 條、第 64 條、第 79 條、長期照顧服務法第 42 條、第 43 條等）。以手術為例，醫療機構依醫療法第 63 條應向病人或其法定代理人、配偶、親屬或關係人說明手術原因、手術成功率或可能發生之併發症及危險，並經其同意，簽具手術同意書及麻醉同意書。倘若病人為無法親自簽具者，即得由其監護人以法定代理人身分簽具。

　　綜上，失智老人需要家人的關心照顧，為保障其財產安全，亦需要有人幫忙撐起保護傘，監護宣告是法律提供的一面盾牌，由監護人與法院來共同保護家裡的老大人！

法條大補帖　民法關於成年監護及輔助的主要規定

第 14 條

① 對於因精神障礙或其他心智缺陷，致不能為意思表示或受意思表示，或不能辨識其意思表示之效果者，法院得因本人、配偶、四親等內之親屬、最近一年有同居事實之其他親屬、檢察官、主管機關、社會福利機構、輔助人、意定監護受任人或其他利害關係人之聲請，為監護之宣告。

② 受監護之原因消滅時，法院應依前項聲請權人之聲請，撤銷其宣告。

③ 法院對於監護之聲請，認為未達第 1 項之程度者，得依第 15 條之 1 第 1 項規定，為輔助之宣告。

④ 受監護之原因消滅，而仍有輔助之必要者，法院得依第 15 條之 1 第 1 項規定，變更為輔助之宣告。

第 15 條

受監護宣告之人，無行為能力。

第 15–1 條

① 對於因精神障礙或其他心智缺陷，致其為意思表示或受意思表示，或辨識其意思表示效果之能力，顯有不足者，法院得因本人、配偶、四親等內之親屬、最近一年有同居事實之其他親屬、檢察官、主管機關或社會福利機構之聲請，為輔助之宣告。

② 受輔助之原因消滅時，法院應依前項聲請權人之聲請，撤銷其

宣告。

③ 受輔助宣告之人有受監護之必要者，法院得依第 14 條第 1 項規定，變更為監護之宣告。

第 15-2 條

① 受輔助宣告之人為下列行為時，應經輔助人同意。但純獲法律上利益，或依其年齡及身分、日常生活所必需者，不在此限：

一、為獨資、合夥營業或為法人之負責人。

二、為消費借貸、消費寄託、保證、贈與或信託。

三、為訴訟行為。

四、為和解、調解、調處或簽訂仲裁契約。

五、為不動產、船舶、航空器、汽車或其他重要財產之處分、設定負擔、買賣、租賃或借貸。

六、為遺產分割、遺贈、拋棄繼承權或其他相關權利。

七、法院依前條聲請權人或輔助人之聲請，所指定之其他行為。

② 第 78 條至第 83 條規定，於未依前項規定得輔助人同意之情形，準用之。

③ 第 85 條規定，於輔助人同意受輔助宣告之人為第 1 項第 1 款行為時，準用之。

④ 第 1 項所列應經同意之行為，無損害受輔助宣告之人利益之虞，而輔助人仍不為同意時，受輔助宣告之人得逕行聲請法院許可後為之。

四 老人之家：何處是長輩老有所終的安身之地？

　　每年清明節，闔家大小聚集在祖墳或塔位旁一同紀念已去世的老人家，體現傳統的孝道文化。已經返回天家的老人家俯視過往人間，或許會看到三個家。第一個家是死後骨灰或骨骸所在的塔位或墳墓，第二個家是自己辛苦大半輩子買的房子，第三個家可能就是與其他老人共同生活的老人之家了。

◆ 第一個家：塔位

　　人死去之後，靈魂到了天家，天人永隔，骨灰（骸）則留在地上的塔位或墳墓，也算是家的一種，每年清明時節會聚集子孫前來追思。古詩云「清明時節雨紛紛，路上行人欲斷魂」，在世的親人基於慎終追遠的習俗會到祖先的塔位或墳墓祭拜致敬。有些長輩為減輕子女負擔而提前規劃身後事，乃與殯葬業者簽訂許多生前契約，諸如殯葬服務、骨灰（骸）存放單位（如塔位）使用權買賣等契約等。對此，除相關法令之外，內政部亦訂有定型化契約範本（參見書末附錄 D-1，

關於殯葬相關資訊可參見書末附錄 A-12），以保障消費者權益。

不過，長輩也應提防不法傳銷或詐騙情事，例如實務常見的塔位轉售手法。過往曾發生有販售靈骨塔事業集團先從不肖殯葬業者取得被害人個資後，再尋找財力較豐而較容易被騙的長輩，繼而由集團提供教戰手冊與模擬劇本給各業務人員，視被害人情形，扮演假買主等角色，佯稱實際不存在的某些殯葬機構或投資人將以高價購買殯葬商品，並吹噓轉售靈骨塔或骨灰罈將獲利數倍，誘騙長輩被害人購買而投入畢生積蓄，導致連棺材本都付諸東流，令人不勝唏噓！

◆ 第二個家：起家厝

長輩自己有房子的，就跟老伴住在一起。房子大一點的，可能會跟子孫住在一起。不過現代社會裡老家空巢者多，兒女長大了或結婚了大都會搬出去住，逢年過節再攜家帶眷回家探望父母。然而等到父母過世之後，卻常見子女為了爭奪老家遺產而撕破臉，甚至對簿公堂。父母在天之靈，對於家的崩毀應該會難過萬分。因此，長輩在過世前宜透過訂立遺囑或生前贈與等方式對老家產權做好適當安排。

此外，長輩如果存款不多且子女並未善盡扶養義務，仍可善用起家厝來安度晚年。因為房產具有較高的經濟價值，

雖然不如存款具有高度的流動性，但可想辦法將房子變現來供應老人日常所需資金。如果不想賣房或出租房子，則可考慮將房子抵押給銀行以借取金錢，如此仍然保有房子的所有權，且可以繼續住在自己的房子並且拿借到的錢來養老。

◆ 第三個家：老人之家

人過世之前，有很長一段時間是在老化階段，需要有個家來安養身心。現實社會中，很多長輩其實不是住在自己的房子，而是住在老人之家，跟其他長者一起共度晚年。近年來有幾部評價很高的電影即以老人之家作為故事背景，例如港片《桃姐》與國片《老大人》。老人之家也是一個小型的社會，老人們彼此之間會有喜怒哀樂與愛恨情仇，與養護人員也會發展如親人般的情誼。畢竟遠水救不了近火，真得需要扶一把或緊急救援時，人就在附近的養護人員還是比遠在他方的子女來得迅速可靠。然而不可否認，國內老人之家一直存在人手不足的困境，而在居住環境方面亦潛伏危安因素。許多長輩也很怕子女以養護之名要把自己送到老人之家，深怕一旦人過去那裡，就回不了老家了，更懷疑子女其實是要提早霸占老家並把老人家丟包。果真如此，那真是家門不幸！

過往曾有老人之家發生火災的事件，奪走許多長者們的

生命及造成輕重傷。火災原因有很多是跟電線或電器走火有關，負責人及員工可能會涉及過失致死罪及公共危險罪。此外，老人之家提供的服務也可能引發民事糾紛，而需要透過契約預先做好適當安排。政府推出的長照政策包括對老人之家（參見書末附錄 A–7）的建置與管制，而衛福部官網設有老人福利機構定型化契約專區（參見書末附錄 D–3），提供各種定型化契約範本可供參考，以落實保障住民及其家屬之權益。

◆ 給老人家三個好家在

老人家在人世間瀟灑走一回，終究要回到天家。後生晚輩除了在老人家往生後於清明時節在第一個家掃墓追思之外，更應於老人家在世時一同守護他們辛苦打拼而購置的第二個家，也就是起家厝。如果為提供更周全的照顧而將老人家送到第三個家，也應該找一個既安全又有人情味的老人之家。給老人家三個好家在，正是子女善盡反哺之孝的具體作為！

第四章

留下遺囑遺願不留遺憾

一 身後紀事：死亡的原因與後果為何？

　　凡人皆有一死：死因或有不同，但終須面對死亡。109 年 1 月間 NBA 職籃巨星柯比·布萊恩因直升機意外身亡，讓人不勝唏噓。而隔年新冠肺炎蔓延開來，甚至出現無症狀傳染案例，則搞得大家人心惶惶。弔詭的是，疫情升溫與假新聞帶來的恐懼，似乎比起死亡本身更讓人不知所措，口罩之亂可見一斑。我們其實可以更審慎客觀地面對死亡，包括死亡的原因與後果以及死亡本身之事。

◆ 國人十大死因

　　衛福部每年 6 月間會公布前一年度國人死因統計結果。111 年度國人十大死因排名，參圖 4–1。而十大死因死亡人數合計 15 萬 7,267 人，占總死亡人數 75.5%。

　　死因排名第一位的癌症多集中於 55 歲以上之高齡族群，占 8 成 7（十大癌病死亡率排名，參圖 4–2）。

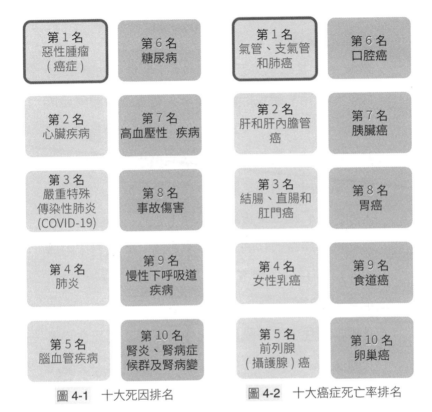

圖 4-1　十大死因排名　　　　圖 4-2　十大癌症死亡率排名

◆ 死亡的後果

　　人的死亡就是生命終結，因此有人認為：死了就一了百了。然而個體死亡不僅會留下壯志未酬的遺憾，也會帶給家人朋友無限哀傷。此外，由於人是社會的動物，人死之後還會引發至少下列幾項具有法律意義的後果，不容輕忽。

1.**遺產之繼承：**

繼承，因被繼承人死亡而開始（參見民法第1147條），而第一順位的法定繼承人是直系血親卑親屬（親等近者為先，如子女）與配偶（參見民法第1138條）。人死之後將發生遺產繼承的法律效力。若是遺產引發遺屬之間為爭產而反目成仇，被繼承人如天上有知也是會痛心流淚！

新北地方法院的官網設有繼承專區（參見書末附錄B-4），可供民眾參考。

2.**遺產稅之繳納：**

凡經常居住中華民國境內之中華民國國民死亡時遺有財產者，應就其在中華民國境內境外全部遺產課徵遺產稅（參見遺產及贈與稅法第1條）。

人死之後留下的遺產供繼承卻也會被課遺產稅。被繼承人死亡遺有財產者，納稅義務人應於被繼承人死亡之日起6個月內，向戶籍所在地主管稽徵機關辦理遺產稅申報，並應於稽徵機關送達核定納稅通知書之日起2個月內，繳清應納稅款。

而遺產稅未繳清前，不得分割遺產、交付遺贈或辦理移轉登記。很多繼承人只想到有遺產可以繼承，

卻忽略遺產稅的申報與繳納，導致遺產未能分割過戶還會被罰款，不能輕忽。

3. **保險金之給付：**

人壽保險人於被保險人在契約規定年限內死亡，或屆契約規定年限而仍生存時，依照契約負給付保險金額之責任（參見保險法第 101 條）。因此被保險人死亡是人壽保險的保險事故，保險公司應給付保險金予保約指定之受益人，且其金額不得作為被保險人之遺產，惟如保約未指定受益人者，其保險金額則作為被保險人之遺產，而可能被課遺產稅。很多被指定的受益人不知道有保約的存在而遲遲未向保險公司申請給付保險金，這會讓已死去的被保險人感到遺憾捶心肝！

以上是死亡引發的權利義務，另外也需注意死亡可能涉及他人應承擔之法律責任，不能讓長輩死於非命卻任兇嫌逍遙法外。詳言之，死亡的原因很多，若是自然死（如病死或老死），較為單純，但若是遭人殺害或是意外事故而死，可能會涉及殺人或過失致人於死等刑事責任，也會引發民事賠償責任。非自然死的情形，須報請地檢署檢察官會同法醫相驗屍體，以查明死因並進行後續之司法調查。人死不能復生，

若是遭他人故意或過失而致死，尚有賴家屬為其申冤以回復
正義，不能不明不白地死去，而讓兇手逍遙法外！

◆ 死亡證明文件

　　由上可知，死亡的後果涉及到遺產之繼承、遺產稅之繳
納、保險金之給付及法律責任之承擔等，因此死亡本身的認
定非常重要，通常是看戶政機關所出具該當事人的除戶戶籍
資料。這是因為依戶籍法第 14 條規定，死亡或受死亡宣告，
應為死亡或死亡宣告登記；檢察機關、軍事檢察機關、醫療
機構於出具相驗屍體證明書、死亡證明書或法院為死亡宣告
之裁判確定後，應將該證明書或裁判要旨送當事人戶籍地直
轄市、縣（市）主管機關。準此，戶政機關依聲請或依職權
而為特定人之死亡登記或死亡宣告登記，會參照相關的死亡
證明文件，也會登錄在該特定人之除戶戶籍謄本的記事欄位，
可供查悉該特定人係於何日死亡。

　　死亡證明文件是戶政機關據以登記的基礎，可區分為以
下幾種：

1.死亡證明書：

若因疾病在醫療院所死亡，則是由醫療院所開立死
亡證明書。而若是在家裡病死，則是通知當地衛生

所辦理行政相驗，由衛生所或當地主管機關指定醫療院所檢驗屍體並發給死亡證明書。衛福部網站有公布死亡證明書的格式（參見書末附錄 D–5），其上會記載死者的個人資料、死亡地點與時間、以及死亡原因，包括直接引起死亡之疾病或傷害與其先行原因，以及其他對於死亡有影響之疾病或身體狀況。例如可能病因鏈因果次序為：慢性缺血性心臟病→急性心肌梗塞→心肌破裂→死亡，則直接引起死亡之原因即記載：心肌破裂，先行原因則依序記載：急性心肌梗塞、慢性缺血性心臟病。

2. **相驗屍體證明書：**

若是非病死或可疑為非病死者，無論死亡地點在何處，均是報請地檢署檢察官會同法醫相驗屍體，這是屬於司法相驗，由檢察官並同法醫等開立相驗屍體證明書，其上也會記載死者的個人資料、死亡地點與時間、以及死亡原因，並視情形進行後續之司法調查。

3. **死亡宣告裁定：**

如失蹤人失蹤滿 7 年後，法院得因利害關係人或檢察官之聲請，為死亡之宣告裁定，其中會確定受死

> 亡宣告人死亡之時。失蹤人為 80 歲以上者，得於失蹤滿 3 年後，為死亡之宣告。失蹤人為遭遇特別災難者，得於特別災難終了滿 1 年後，為死亡之宣告。

關於如何認定一個人是否已死亡，涉及醫學專業判斷，有採心肺功能停止說（指沒呼吸、心跳才算死亡）、腦死說（指腦死就算死亡）等。現今醫療技術進步，透過俗稱葉克膜的體外心肺功能維持系統的運作，似乎讓人暫時死不了而可與死神拔河。

至於死因為何，雖然死亡證明文件上會有死亡原因之記載，但若死亡結果涉及高度利害關係，如保險公司是否應理賠保險金、加害人應承擔什麼法律責任等，則實務上常會於訴訟程序送請醫事機構進行專業鑑定，以確認死因為何。

綜上，我們應審慎客觀地面對自己以及家人的死亡，對於死亡的原因、後果以及死亡本身之事均需有所了解。除了醫學與法律等意義之外，一個人的死亡在精神價值上的差異更為巨大。司馬遷說：「人固有一死，或重於泰山，或輕於鴻毛」。雖然人都會死，但價值之輕重或有不同，更值得我們慎終追遠，進一步思索生命的意義。

法律參考工具

法院對死亡的認定

　　法律實務上值得注意的是，在一起車禍肇事逃逸過失致人於死的案件，參照人體器官移植條例相關規定而採腦死說（參見最高法院 95 年度台上字第 1692 號刑事判決）。

二 遺落何方：遺產有哪些？怎麼找？

親人過世，家屬徒傷悲。人走了，不知去了哪裡？留下的財產，不知遺落何方？搜尋遺產資訊也可能是個浩大工程，要有方法，才不會如無頭蒼蠅不知去向。

◆ 老蔡的遺產

老蔡死亡後，兒子小蔡想到要跟其他姊妹談如何分家以及申報遺產稅就一個頭兩個大。小蔡只在老蔡房間找到房地產權狀及幾本存摺，但記得似乎老蔡生前在很多家銀行有開戶，也有買股票與保單，好像還有貸款與卡債未繳清。現在面臨要申報遺產稅，勢必要搜尋老蔡所有的遺產資訊，而小蔡也擔心萬一老蔡欠債很多，遺產不夠清償，父債還要子還，那就麻煩了！

◆ 為何要搜尋遺產資訊？

親人過世後，其繼承人依法承受被繼承人財產上之一切權利、義務。基於以下三個原因，繼承人必須搜尋被繼承人

有哪些財產與債務以資判斷：

1. **決定是否拋棄繼承：**

   如果被繼承人的債務大於財產，依民法繼承規定，繼承人對於被繼承人之債務，以因繼承所得遺產為限，負清償責任，即法律上的「限定繼承」。但現實上仍可能以遺產賠償某債權人後，又遭其他突然冒出來的債權人追償債務而陷於訴訟紛爭的風險。

   比較一勞永逸的方式是拋棄繼承：繼承人應於知悉其得繼承之時起 3 個月內，以書面向法院為拋棄繼承之意思表示，則溯及於繼承開始時發生效力，以完全脫鉤。

2. **決定如何分割遺產：**

   如果被繼承人名下財產很多，或是財產大於債務，則繼承人會希望依法繼承遺產。被繼承人名下的財產可能為：土地、房屋、存款、投資、債權、信託利益、動產及其他有財產價值的權利，也可能有未清償的債務。為利於繼承人之間對於遺產如何分割進行協議，實有必要搜尋被繼承人有哪些財產與債務，才能合理協商如何分割遺產，以完成財產過戶與債務清償。

3.決定如何申報遺產稅：

美國開國元勳班傑明‧富蘭克林曾說：「除了死亡與稅之外，這世界上沒有什麼事是確定的」。誠然，凡人終須一死，而繳稅是國民應盡的義務，甚至死後也還會有遺產稅。依遺產及贈與稅法規定，被繼承人死亡遺有財產者，納稅義務人應於被繼承人死亡之日起 6 個月內，向戶籍所在地主管稽徵機關辦理遺產稅申報。而遺產稅未繳清前，不得分割遺產、交付遺贈或辦理移轉登記。為辦理遺產稅申報，自須搜尋被繼承人名下之各種財產與債務。

◆ **如何搜尋遺產資訊？**

過往搜尋遺產資訊的方式是先於被繼承人住所搜尋存摺、權狀等財產資料，再就近向國稅局查調被繼承人最近年度的：全國財產稅總歸戶財產查詢清單，以及綜合所得稅各類所得資料清單。由該等清單可查知被繼承人有哪些土地、房屋（主要在財產清單出現），以及有哪些所得，如銀行利息存款利息所得、股票營利所得（主要在所得資料清單出現），進而可再向地政事務所、銀行等機構查詢被繼承人的財產資訊。

上開方式可說相當麻煩，且可能還是有所遺漏，特別是

金融遺產如存款、股票、基金、保險等，實在很繁雜而不容易搜尋。不過現在已有一站式便捷的查詢金融遺產服務管道，自110年9月1日起，查得之被繼承人金融遺產資料，統一由國稅局單一窗口（參見書末附錄A-13）回覆。可以查詢的金融遺產種類包括存款、基金、上市（櫃）及興櫃有價證券、短期票券、人身保險、期貨、保管箱及信用卡債務等，有需要的民眾可以就近洽詢各地區國稅局全功能櫃檯辦理（關於單一窗口查詢金融遺產申請書之格式與範例，可參見書末附錄D-6）。

以老蔡遺產案為例，小蔡應先①申請取得被繼承人老蔡的死亡證明書或除戶戶籍資料以及②繼承人小蔡個人的身分證明文件，再③向臺北國稅局申請查詢老蔡的金融遺產資料。臺北國稅局統一接單後再轉知：銀行公會（可查帳戶、貸款）、投信投顧公會（可查基金投資）、壽險公會（可查保單）、集保結算所（可查上市櫃股票債券）、期貨交易所（可查期貨投資）及聯合徵信中心（可查銀行債務）等六大受理查詢機構，由該等機構受理後直接或由其會員金融機構提供查詢結果予小蔡。

　　例如就老蔡有哪些銀行存款與貸款來說，小蔡原本憑老蔡留下的三本存摺只知道相關的三家銀行，而透過

一站式查詢服務，銀行公會自臺北國稅局轉知而受理後，將轉請所有的銀行及郵局全面清查是否有老蔡的帳戶與貸款，如查有，則由各該金融機構回覆小蔡，不需要逐一去登門索取。

值得一提的是，小蔡可藉由一站式查詢從聯徵中心獲得老蔡的信用報告，其中包括銀行債務資訊如貸款、卡債等。

惟就老蔡與金融機構以外之他人間的債務，則難以藉由官方之一站式查詢得知，小蔡也需有萬一有老蔡的其他債主跳出來討債的心理準備，可依民法規定向法院陳報老蔡之遺產清冊，並聲請法院公示催告命老蔡的債權人於一定時間內陳報債權。

◆ 個人的資產負債表

總而言之，遺產繼承與申報遺產稅的第一步就是了解被繼承人名下有多少財產與債務，才能進行後續的作業程序。我們都知道公司有資產負債表，其實個人也有，只是大多數人不會自行製作，通常都是等到死亡之後，才由後代上窮碧落下黃泉辛勤製作。與其讓後代為了搜尋遺產資訊而忙得如無頭蒼蠅，不如由長輩生前在交代後事時也一併整理好個人的資產負

債表並做出適當的分配。若是上流老人還有海外遺產，就更難搜尋了，經營之神王永慶的遺產爭議案涉及跨海追產可為殷鑑。雖然這些財產與負債，生不帶來死不帶去，但遺愛人間同時不留給後代無謂的麻煩與爭議，更是功德無量！

三 遺產分割：遺產應如何分配？

　　父母過世後所留下的遺產應如何分配？如果父母有留下遺囑，原則上依遺囑分配遺產。如果沒有遺囑，則由繼承人協議分配。而如果無法達成協議，則需向法院提起遺產分割之訴。法院進行遺產分割前，需先確認繼承人、應繼分以及遺產的範圍，再決定適當的分割方案。

　　葉老太太守寡多年，辛苦拉拔四個子女長大，相繼成家立業、枝繁葉茂，令人敬佩。不過老葉終究有凋零的時候，卻留下不少遺產，包括老家不動產、銀行存款、上市公司股票等，讓子女驚訝於母親理財有方。她沒有留下遺囑，而子女也無法達成遺產分配的協議。然而大兒子堅持自己是長子，所以要獨享老家不動產全部的產權，其他三個弟妹則覺得這樣分產並不公平，何況大兒子之前已因結婚而自老葉獲贈一間房子，且有借款未還，甚至被發現在母親死後提領其銀行存款，真是吃人夠夠！到底老葉的遺產應該要怎麼分配呢？

◆ 繼承人的應繼分與特留分

繼承人自繼承開始時，承受被繼承人財產上之一切權利義務。被繼承人的遺產繼承人依法有一定順序，亦即：1.直系血親卑親屬（以親等近者為先）、2.父母、3.兄弟姊妹、4.祖父母。

如先順位沒有繼承人，才會輪到次順位繼承人。而如果被繼承人有配偶，則配偶並列同順位。至於繼承人依法得繼承遺產的比例，則是所謂的「應繼分」，原則上同一順序之繼承人有數人時，按人數平均繼承，但須注意配偶享有特定比例的應繼分，如與第一順位的直系血親卑親屬共同繼承，則其應繼分與他繼承人平均，其餘則如後表所述。

此外，亦須留意所謂的「特留分」，這是指法律保障繼承人最少可享有遺產的比例。就前述案例而言，老葉過世時其配偶已往生，則由其四名子女為繼承人均分老葉的遺產，每人的應繼分為四分之一，特留分則為八分之一。

關於繼承人的應繼分與特留分比例請參下表：

繼承人	應繼分	特留分
配偶	1. 與直系血親卑親屬同順位，則均分 2. 與父母或兄弟姊妹同順位，則分二分之一 3. 與祖父母同順位，則分三分之二	應繼分的二分之一
直系血親卑親屬	與配偶均分	應繼分的二分之一
父母	扣除配偶分二分之一後均分	應繼分的二分之一
兄弟姊妹	扣除配偶分二分之一後均分	應繼分的三分之一
祖父母	扣除配偶分三分之二後均分	應繼分的三分之一

表 4-1　繼承人的應繼分與特留分比例

◆ **遺產的公同共有與分割方式**

　　遺產可包括房屋土地等不動產、現金珠寶等動產或是存款借款等債權。繼承人有數人時，在分割遺產前，各繼承人對於遺產全部為「公同共有」，這是指財產由數人共有的一種特殊狀態，原則上公同共有之財產須經全體共有人同意才能處分或行使權利，而且對於潛在的應有部分（如應繼分）也不能自由轉讓給他人，因此公同共有的財產資源很難做有效的利用。至於「分別共有」則是共有人對共有物有明確的應有部分且可自由轉讓。

　　遺產可透過「遺囑分割」、「協議分割」或「裁判分割」等三種方式來解消公同共有的狀態。

遺囑分割是由被繼承人訂立遺囑來分配其遺產，只要注意不侵害特留分，則可依其個人意願自由分配其遺產，未必要依照法定應繼分的比例來分配。協議分割則是經過所有繼承人的同意依其合意之比例與方式來分配遺產，不受法定應繼分及特留分的限制，只要大家都同意即可。而若是被繼承人沒有留下遺囑或是繼承人無法達成分割協議，則繼承人得隨時訴請法院進行裁判分割，程序上可由其中一名繼承人擔任原告提起訴訟，且要將其他所有繼承人均列為被告，由法院依法裁量進行遺產分割。

以前述老葉案例來看，四名子女既然無法達成分割協議，則可向法院提起遺產分割之訴，法院可能會就老家不動產依應繼分比例，以分別共有方式原物分割（也就是各取得老家不動產四分之一的應有部分），或是變價分割後，以所得價金依應繼分比例分配（如變賣老家不動產獲得 4 千萬，每人分得 1 千萬）；就銀行存款則可能會依應繼分比例原物分割；就上市公司股票則可能會變價分割後以所得價金依應繼分比例分配。

◆ 先拿的可能要扣還

繼承人有可能在繼承開始之前或之後，自被繼承人獲得財產之利益，在某些特定的情形終究是要扣還。例如繼承人

中有在繼承開始前因結婚、分居或營業，已從被繼承人受有財產之贈與者，應將該贈與價額加入繼承開始時，被繼承人所有之財產中，作為應繼遺產，而就該贈與價額，應於遺產分割時由該繼承人之應繼分中扣除（參見民法第 1173 條）。此是就結婚、分居或營業所為之生前特種贈與在法律上預設為遺產之預付，故應將該贈與價額加入遺產而歸扣，以求共同繼承人間遺產分割之公平。

　　又若繼承人中對於被繼承人負有債務者，於遺產分割時，應按其債務數額，由該繼承人之應繼分內扣還（參見民法第 1172 條）。至於繼承開始之後，有部分繼承人因管理、使用、收益、處分遺產，而對全體繼承人負有債務者，實務上認為可類推適用民法第 1172 條規定，應按其債務數額由該繼承人之應繼分內扣還，俾得簡化繼承關係，避免法律關係複雜（參見最高法院 110 年度台上字第 543 號民事判決）。

　　例如實務上常見有繼承人於被繼承人死亡後、尚未進行遺產分割之前，擅自提領被繼承人的存款或變賣股票取得價金，而中飽私囊，由於遺產於分割前為全體繼承人公同共有，因此該任意處分遺產的繼承人，除涉嫌刑事財產犯罪之外，對於全體繼承人亦負有侵權行為損害賠償及不當得利返還的民事責任，應按其債務數額，由該繼承人之應繼分內扣還。以前述老葉案例來說，大兒子就其因結婚而獲贈的房子、積

欠老葉的借款以及擅自提領其銀行存款等，均應加入遺產範圍而由其應繼分扣還，方為公平。

法律參考工具

遺產裁判分割要點

1. 遺產裁判分割的訴訟屬於固有必要共同訴訟，也就是必須所有繼承人都列為訴訟當事人，始為合法，以求一致解決紛爭。

2. 裁判分割係以整個遺產為一體為分割，並非以遺產中個別之財產分割為對象，亦即遺產分割之目的，在於廢止遺產全部之公同共有關係，而非旨在消滅個別財產之公同共有關係（參見最高法院95年度台上字第1637號民事判決）。

3. 遺產分割須依法定應繼分比例來進行，惟分割方法則由法院裁量。這是因為遺產分割訴訟標的法律關係為形成訴權，其目的係為廢止全部遺產公同共有關係，法院為裁判分割時，應具體斟酌公平原則、各繼承人之利害關係、遺產之性質及價格、利用價值、經濟效用、經濟原則及使用現狀、各繼承人之意願等相關因素，以為妥適之判決，不受繼承人所主張分割方法之拘束。法院可參照民法第824條關於共有物的原物分割、變價分割或混和分割等方式，諸如：以原物分配於各共有人，但各共有人均受原物之分配顯有困難者，得將原物分配於部分共有人；原物分配顯有困難時，得變賣共有物，以價金分配於各共有人；或以原物之一部分分配於各共有

人，他部分變賣，以價金分配於各共有人；以原物為分配時，如共有人中有未受分配，或不能按其應有部分受分配者，得以金錢補償之。此外，將遺產之公同共有關係終止改為分別共有關係，性質上亦屬分割遺產方法之一。這些多元的分割方式可增加法院裁量的彈性，因案制宜以求允當。

法條大補帖 PART 1　民法關於法定繼承人、應繼分及特留分的主要規定

第 1138 條

遺產繼承人，除配偶外，依左列順序定之：

一、直系血親卑親屬。

二、父母。

三、兄弟姊妹。

四、祖父母。

第 1139 條

前條所定第一順序之繼承人，以親等近者為先。

第 1140 條

第 1138 條所定第一順序之繼承人，有於繼承開始前死亡或喪失繼承權者，由其直系血親卑親屬代位繼承其應繼分。

第 1141 條

同一順序之繼承人有數人時，按人數平均繼承。但法律另有規定者，不在此限。

第 1144 條

配偶有相互繼承遺產之權，其應繼分，依左列各款定之：

一、與第 1138 條所定第一順序之繼承人同為繼承時，其應繼分與　　他繼承人平均。

二、與第 1138 條所定第二順序或第三順序之繼承人同為繼承時，
　　其應繼分為遺產二分之一。

三、與第 1138 條所定第四順序之繼承人同為繼承時，其應繼分為
　　遺產三分之二。

四、無第 1138 條所定第一順序至第四順序之繼承人時，其應繼分
　　為遺產全部。

第 1223 條

繼承人之特留分，依左列各款之規定：

一、直系血親卑親屬之特留分，為其應繼分二分之一。

二、父母之特留分，為其應繼分二分之一。

三、配偶之特留分，為其應繼分二分之一。

四、兄弟姊妹之特留分，為其應繼分三分之一。

五、祖父母之特留分，為其應繼分三分之一。

法條大補帖 PART 2　民法關於遺產繼承及分割的主要規定

第 1147 條

繼承，因被繼承人死亡而開始。

第 1148 條

① 繼承人自繼承開始時，除本法另有規定外，承受被繼承人財產
　　上之一切權利、義務。但權利、義務專屬於被繼承人本身者，

不在此限。

② 繼承人對於被繼承人之債務，以因繼承所得遺產為限，負清償責任。

第 1151 條

繼承人有數人時，在分割遺產前，各繼承人對於遺產全部為公同共有。

第 1164 條

繼承人得隨時請求分割遺產。但法律另有規定或契約另有訂定者，不在此限。

第 1172 條

繼承人中如對於被繼承人負有債務者，於遺產分割時，應按其債務數額，由該繼承人之應繼分內扣還。

第 1173 條

① 繼承人中有在繼承開始前因結婚、分居或營業，已從被繼承人受有財產之贈與者，應將該贈與價額加入繼承開始時被繼承人所有之財產中，為應繼遺產。但被繼承人於贈與時有反對之意思表示者，不在此限。

② 前項贈與價額，應於遺產分割時，由該繼承人之應繼分中扣除。

③ 贈與價額，依贈與時之價值計算。

四 遺囑製作：如何寫一張好遺囑？

　　家中長者過世後，家屬辦理喪事同時也會寫祭文緬懷長者一生歷程及表達晚輩的哀悼與敬意。然而許多長者離開人世前，卻沒特別留下隻字片語或遺囑給後代子孫，倘若天上有知，應該會感到非常遺憾。

　　曾子說：「人之將死，其言也善」。我們從小就學習寫作，但卻很少有被教到該如何寫遺囑。經營之神王永慶家財萬貫卻未留下遺囑，其後代間發生訴訟糾紛，令人不勝唏噓。而航業鉅子張榮發雖有留下遺囑，並交代百年之後的未來接班人包括集團總裁及其他副總裁等，卻因為該等職位安排並非得以遺囑指定事項而就該部分不生法律效力。上流老人尚且如此，平常老百姓對於遺囑的基本法則亦應有所了解。

　　人有生老病死，而臺灣進入高齡社會，長輩生病已屬常態，更需正向面對死亡。除了不避諱地預立醫療決定、購買生前契約的殯葬產品、向子孫交代遺願之外，也應妥預先安排遺產分配事宜，立遺囑即為主要的辦法。

◆ 民法上的遺囑

　　民法規定的遺囑主要是針對遺產分配的規劃，其法律性

質係由遺囑人依法定方式所為之單獨行為。無行為能力之人、受監護宣告或未滿 16 歲者不得為遺囑。滿 7 歲以上之限制行為能力人或受輔助宣告者，無須經法定代理人之允許，得為遺囑。

遺囑人於在世時製作之遺囑係自其死亡時發生效力。遺囑人於不違反關於特留分規定之範圍內，得以遺囑自由處分遺產，例如決定法定繼承人的應繼分或是將部分遺產遺贈給他人。遺囑人得以遺囑指定遺囑執行人，由其管理遺產並為執行上必要之行為。

遺囑如屬真正且合法，自應尊重並貫徹死者的意思，不容繼承人任意爭執甚至巧取豪奪遺產。遺囑如涉嫌偽造或有違法情事，則應透過訴訟程序釐清事實以定紛止爭，若證明遺囑偽造或無效，則應回歸法定繼承之規定分配遺產。

關於遺囑的內容，謹提供簡式範例如下：

遺 囑 範 例

立遺囑人甲 （民國　年　月　日生，身分證字號：　　）茲訂立遺囑如下：

一、本人的合法繼承人為：乙（配偶）、丙（長男）、丁（長女）、戊（幼子）共四人。

二、本人名下之後開不動產分別繼承如下（註：由特

定人單獨繼承之模式）：

　㈠ A 不動產（附記門牌號碼及建號與地號）由乙繼承。

　㈡ B 不動產（附記門牌號碼及建號與地號）由丁繼承。

三、本人名下之後開存款由乙丙丁戊平均繼承（註：由繼承人平均繼承之模式）：

　㈠ C 銀行帳戶（附記分行及帳號）之存款。

　㈡ D 銀行帳戶（附記分行及帳號）之存款。

四、本人名下之後開財產分別繼承如下：

　㈠ E 財產由丙繼承。

　㈡ F 財產由戊繼承。

五、本人名下之 G 財產遺贈予某氏。

六、本人名下其他財產由乙丙丁戊平均繼承（註：概括模式）。

七、本人指定乙為遺囑執行人，如乙不願或不能擔任，則由丁為第二順位遺囑執行人。

八、本人生前養兒育女，勤儉持家，盼望全體子女於本人去世後，能孝順母親，友愛親人，努力工作，不辜負本人的期望。

九、本人訂立本遺囑已綜合考慮各種因素，所有法定
　　繼承人希和平相處，互相扶持，切勿因遺產分配
　　而另起爭端，以告慰本人死後在天之靈。

十、本遺囑由本人保管，本人過世後由遺囑執行人據
　　以辦理繼承相關事項。

立遺囑人：＿＿＿＿

中　華　民　國　　　　年　　　　月　　　　日

（註：本遺囑係關於內容製作之參考，尚須依個案情
形量身訂作，且為避免爭議，宜委由公證人辦理公證
遺囑）

◆ 立遺囑的法定方式

　　遺囑是被繼承人對於死後財產的預先安排。法律規定的
遺囑有自書遺囑、公證遺囑、密封遺囑、代筆遺囑及口授遺
囑。實務上較少有密封遺囑與口授遺囑，較常見的是自書遺
囑，也就是被繼承人自己親筆書寫遺囑全文並簽名，但卻容
易引發繼承人對於遺囑是否為被繼承人親自書寫的爭議，訴
訟上常需透過筆跡鑑定以明真相。為避免衍生遺囑真正性的
糾紛，現在越來越多人尋求公證遺囑或代筆遺囑的方式，而
兩者均需要遺囑見證人的參與。

所謂「公證遺囑」是由遺囑人指定二人以上之見證人，在公證人前口述遺囑意旨，由公證人筆記、宣讀、講解，經遺囑人認可後，記明年、月、日，由公證人、見證人及遺囑人同行簽名，遺囑人不能簽名者，由公證人將其事由記明，使按指印代之（參見民法第 1191 條）。

而所謂「代筆遺囑」則是由遺囑人指定三人以上之見證人，由遺囑人口述遺囑意旨，使見證人中之一人筆記、宣讀、講解，經遺囑人認可後，記明年、月、日及代筆人之姓名，由見證人全體及遺囑人同行簽名，遺囑人不能簽名者，應按指印代之（參見民法第 1194 條）。

◆ 遺願在人間

人生歷程不過就是生老病死。人老之後，終究要面對死亡。有的長者揮一揮衣袖不帶走一片雲彩，有的飽受病魔折磨只求早日解脫，有的怕死怕得要命更把錢財顧牢牢。人死之後，雲淡風輕，不管生前多有錢，身體多硬朗，其實什麼也帶不走。人死之後固然會留下錢財，可帶給子孫庇蔭，卻也可能引發爭產風波而家破人散。如果能夠重來，或許老人家會希望多留一些話叮囑晚輩，金玉良言可比金山銀山更有價值！

子曰：「未知生，焉知死」。人走到生命的盡頭，已品嘗

了人生各種酸甜苦辣，與其恐懼死亡或鑽牛角尖，不如豁達以對並重新檢視人生的意義，進而將深刻的生命體會以遺言或遺書的形式諄諄告知後代，並期許還活著的人能夠活得認真活得精采，不要為了爭奪遺產而傷了手足之情。這個用真實生命所發的遺願，比起前述關於財產的遺囑更有價值，不需要帶到天上，而應該永存人間！

法條大補帖　民法關於遺囑的主要規定

第 1186 條

① 無行為能力人，不得為遺囑。

② 限制行為能力人，無須經法定代理人之允許，得為遺囑。但未滿 16 歲者，不得為遺囑。

第 1187 條

遺囑人於不違反關於特留分規定之範圍內，得以遺囑自由處分遺產。

第 1189 條

遺囑應依左列方式之一為之：

一、自書遺囑。

二、公證遺囑。

三、密封遺囑。

四、代筆遺囑。

五、口授遺囑。

第 1190 條

自書遺囑者，應自書遺囑全文，記明年、月、日，並親自簽名；如有增減、塗改，應註明增減、塗改之處所及字數，另行簽名。

第 1191 條

① 公證遺囑，應指定二人以上之見證人，在公證人前口述遺囑意旨，由公證人筆記、宣讀、講解，經遺囑人認可後，記明年、月、日，由公證人、見證人及遺囑人同行簽名，遺囑人不能簽名者，由公證人將其事由記明，使按指印代之。

② 前項所定公證人之職務，在無公證人之地，得由法院書記官行之，僑民在中華民國領事駐在地為遺囑時，得由領事行之。

第 1192 條

① 密封遺囑，應於遺囑上簽名後，將其密封，於封縫處簽名，指定二人以上之見證人，向公證人提出，陳述其為自己之遺囑，如非本人自寫，並陳述繕寫人之姓名、住所，由公證人於封面記明該遺囑提出之年、月、日及遺囑人所為之陳述，與遺囑人及見證人同行簽名。

② 前條第 2 項之規定，於前項情形準用之。

第 1193 條

密封遺囑，不具備前條所定之方式，而具備第 1190 條所定自書遺囑之方式者，有自書遺囑之效力。

第 1194 條

代筆遺囑，由遺囑人指定三人以上之見證人，由遺囑人口述遺囑意旨，使見證人中之一人筆記、宣讀、講解，經遺囑人認可後，

記明年、月、日及代筆人之姓名，由見證人全體及遺囑人同行簽名，遺囑人不能簽名者，應按指印代之。

第 1195 條

遺囑人因生命危急或其他特殊情形，不能依其他方式為遺囑者，得依左列方式之一為口授遺囑：

一、由遺囑人指定二人以上之見證人，並口授遺囑意旨，由見證人中之一人，將該遺囑意旨，據實作成筆記，並記明年、月、日，與其他見證人同行簽名。

二、由遺囑人指定二人以上之見證人，並口述遺囑意旨、遺囑人姓名及年、月、日，由見證人全體口述遺囑之為真正及見證人姓名，全部予以錄音，將錄音帶當場密封，並記明年、月、日，由見證人全體在封縫處同行簽名。

第 1196 條

口授遺囑，自遺囑人能依其他方式為遺囑之時起，經過 3 個月而失其效力。

第 1199 條

遺囑自遺囑人死亡時發生效力。

第 1213 條

① 有封緘之遺囑，非在親屬會議當場或法院公證處，不得開視。

② 前項遺囑開視時，應製作紀錄，記明遺囑之封緘有無毀損情形，或其他特別情事，並由在場之人同行簽名。

第 1219 條
遺囑人得隨時依遺囑之方式，撤回遺囑之全部或一部。

第 1220 條
前後遺囑有相牴觸者，其牴觸之部分，前遺囑視為撤回。

第 1221 條
遺囑人於為遺囑後所為之行為與遺囑有相牴觸者，其牴觸部分，遺囑視為撤回。

第 1222 條
遺囑人故意破毀或塗銷遺囑，或在遺囑上記明廢棄之意思者，其遺囑視為撤回。

五 遺囑見證：遺囑還需要有人見證？

遺囑是遺產安排的法律規劃，而公證遺囑與代筆遺囑的方式還需要見證人的參與，應審慎製作。

◆ 遺囑見證的實務見解

公證遺囑與代筆遺囑的主要區別是：公證遺囑是由公證人筆記、宣讀、講解，而代筆遺囑則是由見證人中之一人筆記、宣讀、講解，惟兩者均需見證人的參與。

至於見證人要參與到何程度？就公證遺囑的類型，實務上曾有一案例是某被繼承人因病住院時，雖有公證人前來製作公證遺囑，但兩位見證人中有一位在遺囑製作期間曾經走出病房，並沒有全程都在病房內，最高法院認為：見證人於被繼承人為遺囑時須始終親自在場，見聞其事，並得為證明及簽名其上，如見證人之一人中途一度離去，而僅一人在場時，則為方式之欠缺（參見最高法院 102 年度台上字第 98 號民事判決）。

另就代筆遺囑的類型，最高法院也是採取類似的立場而認為：代筆遺囑須由遺囑人在所指定三人以上之見證人均始終親自在場聽聞其親自口述遺囑意旨下為之（參見最高法院

105 年度台上字第 2326 號民事判決）。此外，上開兩個最高法院判決都認為遺囑人「口述」遺囑意旨而由公證人或見證人筆記時，應以言詞為之，不得以其他舉動表達，遺囑人聲音發生障礙，由公證人或見證人發問，僅以點頭、搖頭、搖手或「嗯」聲等方式示意，不能解之遺囑人「口述」。

◆ 見證麻煩是為了避免遺囑被操控

　　或許有人會覺得為何公證遺囑與代筆遺囑這麼麻煩，要請別人當遺囑見證人已經很困難了，竟還要求人家須全程在場！這是因為遺囑涉及到被繼承人對其遺產預先安排，分不到或分不夠的繼承人常會對遺囑有意見，而當利害關係人對簿公堂之時，立遺囑者人死不能復生，死無對證，無法從墳墓裡爬出來跟子女對質並向法官述說其真意，故有必要對於遺囑的方式嚴加規定成「要式行為」，以求慎重其事，避免有心人士上下其手趁機奪產。特別是實務上常見在公證遺囑與代筆遺囑的案例中，被繼承人多已年紀老邁重病纏身，甚至有失智現象，不僅難以動手書寫更是口齒不清，而其部分子女則委請公證人與見證人來協助立遺囑，等到該被繼承人死後揭示其遺囑時，其他繼承人或有憤而指摘遺產分配不公者，不僅主張法定特留分的保護，更爭執立遺囑方式的合法性。如遺囑因不具法定要式而無效，則被繼承人之遺產就會依法

律規定之應繼分來分配。

　　我們很樂意當朋友結婚的證人，卻會對當別人離婚的證人裹足不前，如果還要見證別人的遺囑，更是會猶豫再三，畢竟東方人個性圓融，勸和不勸離，更對於死亡相當忌諱。但做人處事，豈能獨善其身，難免會基於人情世故而成為離婚證人或是遺囑見證人，不好意思斷然拒絕友人的請託。惟無論如何應特別注意，結婚與離婚的證人主要是在結婚與離婚的書面文件上簽名，而遺囑見證人則必須於被繼承人為遺囑時「始終」親自在場，「見聞」其事。如遺囑見證人中途一度離去或後來才進場簽名，則為遺囑方式之欠缺，將導致遺囑無效，不可不慎。

　　綜上，我們可以了解遺囑見證人受人之託幫忙見證遺產分配之事固然是在做功德，但也要特別留意：「受人之託，忠（終）人之事」，必須於遺囑口述、筆記等過程始終親自在場並見聞其事。遺囑見證人千萬不能中途離場或是後來才到，而只在遺囑上草草簽名了事，如經法院認定遺囑因要式不備而無效，那就前功盡棄，有損陰德了。

204

法條大補帖　民法關於遺囑見證人的主要規定

第 1191 條

① 公證遺囑，應指定二人以上之見證人，在公證人前口述遺囑意旨，由公證人筆記、宣讀、講解，經遺囑人認可後，記明年、月、日，由公證人、見證人及遺囑人同行簽名，遺囑人不能簽名者，由公證人將其事由記明，使按指印代之。

② 前項所定公證人之職務，在無公證人之地，得由法院書記官行之，僑民在中華民國領事駐在地為遺囑時，得由領事行之。

第 1192 條

① 密封遺囑，應於遺囑上簽名後，將其密封，於封縫處簽名，指定二人以上之見證人，向公證人提出，陳述其為自己之遺囑，如非本人自寫，並陳述繕寫人之姓名、住所，由公證人於封面記明該遺囑提出之年、月、日及遺囑人所為之陳述，與遺囑人及見證人同行簽名。

② 前條第 2 項之規定，於前項情形準用之。

第 1194 條

代筆遺囑，由遺囑人指定三人以上之見證人，由遺囑人口述遺囑意旨，使見證人中之一人筆記、宣讀、講解，經遺囑人認可後，記明年、月、日及代筆人之姓名，由見證人全體及遺囑人同行簽名，遺囑人不能簽名者，應按指印代之。

第 1195 條

遺囑人因生命危急或其他特殊情形，不能依其他方式為遺囑者，得依左列方式之一為口授遺囑：

一、由遺囑人指定二人以上之見證人，並口授遺囑意旨，由見證人中之一人，將該遺囑意旨，據實作成筆記，並記明年、月、日，與其他見證人同行簽名。

二、由遺囑人指定二人以上之見證人，並口述遺囑意旨、遺囑人姓名及年、月、日，由見證人全體口述遺囑之為真正及見證人姓名，全部予以錄音，將錄音帶當場密封，並記明年、月、日，由見證人全體在封縫處同行簽名。

第 1197 條

口授遺囑，應由見證人中之一人或利害關係人，於為遺囑人死亡後 3 個月內，提經親屬會議認定其真偽，對於親屬會議之認定如有異議，得聲請法院判定之。

第 1198 條

下列之人，不得為遺囑見證人：

一、未成年人。

二、受監護或輔助宣告之人。

三、繼承人及其配偶或其直系血親。

四、受遺贈人及其配偶或其直系血親。

五、為公證人或代行公證職務人之同居人助理人或受僱人。

六 遺囑執行：讓誰來實現長輩遺願？

人老了，看重身體更甚於財產，因為有錢沒命花也是枉然。但是有些子女卻是看重父母的財產更甚於關心他們的身體，等著父母過世那天，就可繼承到或許是人生最大的一筆收入。傳統上養兒防老的觀念已過時，現今則是「養老防兒」。父母固然可以生前處分財產，把財產提早分給想給的人，以免日後發生遺產糾紛，但是老人家又會覺得沒有安全感，擔心名下沒有財產就沒有人想要照顧。因此父母除了身體要顧之外，還是會把財產顧牢牢，以防子女虛情假意別有所圖。然而隨著身體老化衰弱，走向人生旅途的盡頭，終究還是得清理在人世間的身體、感情及財產。今生的財產從無到有，但卻是生不帶來，死不帶去，而死後還可能引發爭產風波，讓人不勝唏噓！

父母辛苦了大半輩子累積的財產，於死後由後代繼承，本屬天經地義的人倫之常。「繼承」可說是世代間財產移轉的制度，原則上由配偶與子女為第一順位的法定繼承人平均繼承。然而如果父母在世時覺得某子女不肖，想少分一些遺產給他，或是父母有其他感念的親朋好友，而想送一些遺產給他們，則必須透過遺囑來達成。「遺囑」是尊重被繼承人的遺

願來分配遺產的工具，惟須注意，寫遺囑不僅用來分遺產，最好還有指定遺囑執行人，於被繼承人死後來實現其遺願，否則繼承人為了遺產分配不公而各說各話並互相杯葛，爭產糾紛勢必延宕多年而導致遺產遲未分配，則當初寫得再用心的遺囑也難以付諸實現，那就白費功夫了。

◆ 遺囑執行人的角色與功能

　　臺塑集團大家長王永慶家財萬貫卻未立遺囑，讓人驚訝，其配偶王月蘭雖有預立遺囑，卻未指定遺囑執行人，嗣經利害關係人聲請法院指定遺囑執行人，最後由法院指定三位遺囑執行人，具有律師、會計師及法學教授等身分，可說是金裝豪華團隊。而長榮集團總裁張榮發固然立有遺囑，卻因其指定四子為集團總裁不符法制而引起軒然大波，他在遺囑中還指定了四名親信部屬作為遺囑執行人，遭質疑為何遲遲未執行遺囑，然而與遺產分配無關的接班人規劃，實在是難以執行。

　　有錢人對於身後事尚且會有所疏忽，何況是我們這些普通老百姓，更需要用心留意。

　　遺囑執行人係依遺囑意旨來管理及處分與遺囑有關的遺

產。遺囑人得以遺囑指定遺囑執行人，在一定條件下亦得由利害關係人聲請法院指定之。未成年人、受監護或輔助宣告之人，不得為遺囑執行人，惟繼承人可兼為遺囑執行人。實務上為求信賴與專業，會考慮由親信、律師、會計師擔任遺囑執行人。為避免遺囑執行人先於遺囑人而死亡，遺囑人可考慮一併指定備位的遺囑執行人。而遺囑執行人有數人時，其執行職務，原則上以過半數決定之。遺囑人固然可以單方指定遺囑執行人，但被指定者如無意願，則可表示拒絕。若遺囑執行人怠於執行職務，或有其他重大事由時，利害關係人，得請求親屬會議改選他人；其由法院指定者，得聲請法院另行指定。

遺囑執行人就職後，需進行下列事項：

1. 如遺囑執行人兼為遺囑保管人，於有繼承開始之事實時，應以適當方法通知已知之繼承人。

2. 於遺囑有關之財產，如有編製清冊之必要時，應即編製遺產清冊，交付繼承人。

3. 遺囑執行人應管理遺產，並為執行上必要行為，包括申報與繳納遺產稅、分配遺產、交付遺贈等。其因職務所為之行為，視為繼承人之代理。

遺囑有指定遺囑執行人者，就遺贈之處理，應先辦繼承登記及遺囑執行人登記後，始由遺囑執行人會同受遺贈人辦理遺贈登記。

值得注意的是，繼承人於遺囑執行人執行職務中，不得處分與遺囑有關之遺產，並不得妨礙其職務之執行。為求明確以杜疑義，遺囑執行人於工作結束後最好能製作遺囑遺產處理結果報告書，讓「受人之託，終人之事」，畫下完成的句點。

◆ 遺囑執行人的麻煩與功德

遺囑執行人管到別人的家務事，雖然是在做善事以實現往生者的遺願，但因遺囑通常會變更法定應繼分的安排或是有遺贈的規劃，因此勢必會有某些繼承人覺得遺囑分配不公或是侵害特留分而有所爭執。實務上常見的糾紛類型如下：

1. **遺囑執行人之指定無效：**

   在遺囑人以遺囑指定遺囑執行人的情形，如果遺囑因不具法定要式而被認定無效，例如代筆遺囑未經見證人全程參與，或是見證人不具法定資格，則該遺囑執行人之指定亦屬無效。

2. **遺囑執行人被禁止執行職務：**

如遺囑執行人之指定無效，繼承人不僅可提起民事訴訟請求確認某遺囑執行人法律關係不存在，也可向法院聲請假處分禁止某遺囑執行人處分遺產，以及請求法院撤銷地政事務所就不動產遺產所為之遺囑執行人登記。

3. **遺囑執行人捲入繼承人與遺產的糾紛：**

繼承人中覺得分配不公者可能會藉故對遺囑執行人提出偽造文書、侵占、詐欺等刑事告訴，或是民事損害賠償及繼承相關的訴訟。此外，就遺囑相關遺產的民事訴訟，遺囑執行人依法成為當事人，還須承受相關之訴訟程序。

綜上，被繼承人所立的遺囑要能在死後實現，有賴指定遺囑執行人克竟其功。遺囑執行人難免會遇到一些麻煩事，需先確認遺囑製作有效，才能名正言順，遵囑力行。所謂「人在做，天在看」，遺囑執行人幫往生者妥善處理其遺留在人間的財富，其實是在做功德，這也是積財富在天上！

法條大補帖　民法關於遺囑執行人的主要規定

第 1209 條

① 遺囑人得以遺囑指定遺囑執行人，或委託他人指定之。

② 受前項委託者，應即指定遺囑執行人，並通知繼承人。

第 1210 條

未成年人、受監護或輔助宣告之人，不得為遺囑執行人。

第 1211 條

遺囑未指定遺囑執行人，並未委託他人指定者，得由親屬會議選定之；不能由親屬會議選定時，得由利害關係人聲請法院指定之。

第 1211-1 條

除遺囑人另有指定外，遺囑執行人就其職務之執行，得請求相當之報酬，其數額由繼承人與遺囑執行人協議定之；不能協議時，由法院酌定之。

第 1212 條

遺囑保管人知有繼承開始之事實時，應即將遺囑交付遺囑執行人，並以適當方法通知已知之繼承人；無遺囑執行人者，應通知已知之繼承人、債權人、受遺贈人及其他利害關係人。無保管人而由繼承人發現遺囑者，亦同。

第 1214 條

遺囑執行人就職後，於遺囑有關之財產，如有編製清冊之必要時，應即編製遺產清冊，交付繼承人。

第 1215 條

① 遺囑執行人有管理遺產，並為執行上必要行為之職務。

② 遺囑執行人因前項職務所為之行為，視為繼承人之代理。

第 1216 條

繼承人於遺囑執行人執行職務中，不得處分與遺囑有關之遺產，並不得妨礙其職務之執行。

第 1217 條

遺囑執行人有數人時，其執行職務，以過半數決之。但遺囑另有意思表示者，從其意思。

第 1218 條

遺囑執行人怠於執行職務，或有其他重大事由時，利害關係人，得請求親屬會議改選他人；其由法院指定者，得聲請法院另行指定。

七 特別的愛：遺產特留分如何保障與規避？

　　關於被繼承人的遺產繼承，法律有規定繼承人的順位與應繼分。如果被繼承人預先訂立遺囑，則可自由處分遺產，不一定要依法定應繼分比例，得自行指定繼承人的應繼分，並也可將遺產贈與給特定人。然而遺囑的自由還是有其限制，不能違反關於特留分的規定，因為特留分是法律規定特別保留給繼承人，就被繼承人遺產之最低限度比例的保障，可說是法律給繼承人特別的愛。

　　老侯的老婆走得早，三名子女都各自成家立業也不跟老侯同住。老侯本來以為就這樣孤家寡人度過餘生，沒想到卻臨老入花叢，在一次偶然的里民聚會中結識了小朱，兩人一拍即合成為無話不談的好友，小朱不僅善體人意還對老侯悉心照顧。這段黃昏之戀成為鄰里佳話，但看在小兒子眼裡則如眼中刺，覺得老侯背叛老媽，還被粉紅佳人欺騙感情，竟然在公園當眾大罵老侯是「老不修的老番顛」，氣得老侯當場斥責小兒子並表示不讓他繼承家產。後來老侯在小朱的協助下親筆寫了遺囑，他因為重男輕女乃把老家的房子全都給了大兒子繼承，至

於銀行存款則全都贈與小朱。等到老侯過世後，小兒子與小女兒看到遺囑與過戶資料，才發現自己什麼遺產都分不到，難道法律沒有提供最起碼的保障嗎？

◆ 什麼是特留分？

如第四章的「三、遺產分割：遺產應如何分配？」所述，繼承人依法得繼承遺產的比例是應繼分，而特留分則是指法律保障繼承人最少可享有遺產的比例。以一般常見的繼承人是配偶與子女為例，假設被繼承人過世後有配偶及三名子女等繼承人，則依法由四名繼承人均分，各取得四分之一的遺產，而每個繼承人的特留分則為其應繼分的二分之一，也就是每名繼承人至少得取得八分之一的遺產。而在老侯的案例，假設沒有遺囑與父子爭吵的情形，則老侯的遺產依法由三名子女均分，每人應繼分為三分之一，特留分則為六分之一。

另須注意法定繼承人在特定情形可能會喪失繼承權，而既然喪失繼承權，就沒有應繼分與特留分的問題。

知識＋

民法第 1145 條規定喪失繼承權的 5 種事由：

1. 故意致被繼承人或應繼承人於死或雖未致死因而受刑之宣告者。

2. 以詐欺或脅迫使被繼承人為關於繼承之遺囑，或使其撤回或變更之者。

3. 以詐欺或脅迫妨害被繼承人為關於繼承之遺囑，或妨害其撤回或變更之者。

4. 偽造、變造、隱匿或湮滅被繼承人關於繼承之遺囑者。

5. 對於被繼承人有重大之虐待或侮辱情事，經被繼承人表示其不得繼承者。

　　上述事由的第 1 至 4 項屬於「當然喪失繼承權」的事由，也就是無論被繼承人有無表示，都會喪失繼承權，但第 2 至 4 項事由如經被繼承人宥恕者，其繼承權不喪失。至於第 5 項則屬於「表示喪失繼承權」的事由，也就是對於被繼承人有重大之虐待或侮辱情事，必須被繼承人特別表示該繼承人不得繼承（如以口頭或書面表示，需保留證據以杜爭議），並非當然喪失繼承權。

　　就老侯的案例而言，老侯對於小兒子在公園當眾對其重大侮辱，乃表示不讓他繼承家產，此部分需要有在場聽聞人士作證。如小兒子確有喪失繼承權情事，則老侯的遺產依法由其他二位兒女均分，每人應繼分為二分之一，特留分則為四分之一。

◆ 遺囑違反特留分有效嗎？

遺囑是遺囑人所為的單方行為，不是兩方當事人合意的契約行為。遺囑人得在遺囑中指定應繼分（可變更法定應繼分的比例）、決定遺產分割的方法（也就是遺產應如何分配）、或是將特定遺產贈與給某人（即：遺贈）。民法採取遺囑自由原則，肯認被繼承人生前通過遺囑自由處分其遺產的權利，這是私法自治原則在繼承中的具體展現，然而遺囑自由並非毫無限制。

遺囑人於不違反關於特留分規定之範圍內，得以遺囑自由處分遺產（參見民法第 1187 條）。但如果遺囑關於遺產分配，違反特留分規定，雖然主張特留分受侵害的繼承人，大都會主張遺囑違反上開規定而無效，惟實務上認為，遺囑縱令違反特留分之規定亦非無效。

◆ 侵害特留分如何處理？

依規定，應得特留分之人，如因被繼承人所為之遺贈，致其應得之數不足者，得按其不足之數由遺贈財產扣減之（參見民法第 1225 條）。此即特留分被侵害人得行使之扣減權。本條雖僅規範遺贈（即以遺囑將特定遺產贈與他人），但實務上認為遺囑自由處分財產之情形，並不限於遺贈而已，以遺

囑指定應繼分及指定遺產分割方法，若侵害特留分，自可類推適用民法第 1225 條，允許被侵害者行使扣減權（參見最高法院 104 年度台上字第 1480 號民事判決）。

行使扣減權之方式係由特留分受侵害人以意思表示向侵害人行使之 （可寄發存證信函或律師函），但並非無時間限制，否則將影響財產秩序的安定性。實務上認為特留分扣減權性質上屬於物權之形成權，其消滅期間應屬除斥期間，民法就此雖未設有規定，惟特留分權利人行使扣減權，與正當繼承人行使繼承回復請求權之法律效果相類似，可類推適用民法第 1146 條第 2 項之規定（參見最高法院 110 年度台上字第 203 號民事判決）。也就是特留分扣減權之行使自知悉被侵害之時起，2 年間不行使而消滅，自繼承開始時起逾 10 年者亦消滅。

就老侯的案例而言，對於老侯以遺囑將老家的房子全都給了大兒子繼承，而銀行存款全都遺贈給小朱，且都已完成過戶，小女兒可主張其特留分受侵害而向大兒子與小朱行使扣減權，然後小女兒得訴請法院就老侯的遺產裁判分割，分割方案則須確保小女兒獲得其特留分（即遺產的四分之一）。

◆ 如何規避特留分？

特留分是法律規定特別保留給繼承人就被繼承人遺產之

最低限度比例的保障。但行使特留分扣減權之後，反倒讓遺產變成公同共有而難以有效利用且產生訟累。如果被繼承人想要規避特留分，可從繼承人主體面與遺產客體面兩方面著手。

就繼承人主體面而言，即為前述喪失繼承權的五種事由，如繼承人有該事由之一則喪失繼承權，自然無權主張應繼分與特留分。就遺產客體面來說，則是減少遺產的範圍，主要可考慮生前贈與，因為被繼承人本有自由處分其財產的權利，其生前贈與給任何人是其自由，等到死亡時仍存在的財產才是遺產，原則上不包含已贈與出去的財產。

實務上認為民法僅規定應得特留分之人，如因被繼承人所為之遺贈，致其應得之數不足者，得按其不足之數由遺贈財產扣減之，並未認特留分權利人，有扣減被繼承人生前所為贈與之權，是被繼承人生前所為之贈與，不受關於特留分規定之限制（參見最高法院 25 年上字第 660 號民事判決）。依同樣法理，被繼承人也可透過生前所為之信託或保險進行財產規劃，將其財產利益轉讓給受益人。原則上只要在被繼承人死亡時已非屬其財產者，即非屬遺產範圍，自無特留分與扣減的問題。

綜上，老人於過世前，欲以遺囑規劃遺產分配時，宜審慎為之。即使想要將「特別的愛給特別的你」，也要兼顧法律對於繼承人保障的特留分，或進行生前贈與的規劃。否則特

別的「愛」反倒變成特別的「礙」，甚至引發遺產相關的爭訟，那就讓人「愛礙淚含光」了！

法律參考工具

關於特留分的重要實務見解

1. 實務上認為遺囑縱令違反特留分之規定亦非無效，僅特留分被侵害之人得行使扣減權而已　（參見最高法院 103 年度台上字第 880 號民事判決）。

2. 關於特留分扣減之後的法律狀態為何？實務上認為，被繼承人因遺贈或應繼分之指定超過其所得自由處分財產之範圍，而致特留分權利人應得之額不足特留分時，特留分扣減權利人得對扣減義務人行使扣減權。是扣減權在性質上屬於物權之形成權，一經扣減權利人對扣減義務人行使扣減權，於侵害特留分部分即失其效力。且特留分係概括存在於被繼承人之全部遺產，並非具體存在於各個特定標的物，故扣減權利人苟對扣減義務人行使扣減權，扣減之效果即已發生，其因而回復之特留分乃概括存在於全部遺產，並非具體存在於各個標的物（參見最高法院 91 年度台上字第 556 號民事判決），亦非轉換為按應繼財產價值計算之金錢（參見最高法院 103 年度台上字第 2071 號民事判決）。因此扣減權行使之後，並非即由受侵害人取得特定標的物之特留分，或轉換為相當於特留分之金錢，而是回復至全部遺產公同共有的狀態，尚應保留特留分而分割遺產。

法條大補帖　民法關於特留分的主要規定

第 1187 條

遺囑人於不違反關於特留分規定之範圍內，得以遺囑自由處分遺產。

第 1223 條

繼承人之特留分，依左列各款之規定：

一、直系血親卑親屬之特留分，為其應繼分二分之一。

二、父母之特留分，為其應繼分二分之一。

三、配偶之特留分，為其應繼分二分之一。

四、兄弟姊妹之特留分，為其應繼分三分之一。

五、祖父母之特留分，為其應繼分三分之一。

第 1224 條

特留分，由依第 1173 條算定之應繼財產中，除去債務額算定之。

第 1225 條

應得特留分之人，如因被繼承人所為之遺贈，致其應得之數不足者，得按其不足之數由遺贈財產扣減之。受遺贈人有數人時，應按其所得遺贈價額比例扣減。

八 醫療決定：如何能有尊嚴的離開人世？

　　一般提到遺囑，如果以法律的觀點來檢視，主要是針對遺產的分配，而且是於死亡時發生效力。而廣義的遺囑更包含所謂 Living Will，也就是對於生命末期醫療方式的預立決定，這是在死亡之前就已發生效力，對長者而言更實際，因會直接影響到其於人生末期如何有尊嚴地活著。此外，長者對晚輩的期許與叮嚀也是遺囑，更能彰顯長者的仁慈，讓大愛永存人間。

◆ Living Will

　　遺囑的英文是 Will（也有意願的意思），於死亡時生效，處理死後的財產如何分配；Living Will 則是死亡前已生效，處理死亡前的身體如何醫療。民法的遺囑主要是針對死後遺產的分配，但人死了之後，過去再怎樣有錢也帶不走。對長者來說，人生末期最重要的問題其實是如何善終。最好是能在意識還清醒且有相當理解力與判斷力時，能預先決定生命末期的醫療處遇方式，讓自己活著與死去都能有尊嚴，這就是國外所謂：Living Will 的概念。

◆ 預立醫療決定

　　繼「安寧緩和醫療條例」引入「預立安寧緩和醫療暨維生醫療抉擇意願書」，讓民眾在人生末期有獲得安寧善終的機會，我國於 108 年 1 月間開始施行的「病人自主權利法」即建構「預立醫療決定」的概念，可說就是 Living Will 的法制化。所謂「預立醫療決定」，是指事先立下之書面意思表示，指明處於特定臨床條件時，希望接受或拒絕之維持生命治療、人工營養及流體餵養或其他與醫療照護、善終等相關意願之決定。所謂「特定臨床條件」是指： 1.末期病人； 2.處於不可逆轉之昏迷狀況； 3.永久植物人狀態； 4.極重度失智； 5.其他經中央主管機關公告之病人疾病狀況或痛苦難以忍受、疾病無法治癒且依當時醫療水準無其他合適解決方法之情形。

　　具完全行為能力之人，得為預立醫療決定，並得隨時以書面撤回或變更之。

意願人為預立醫療決定，應符合三項要件：

1.經醫療機構提供預立醫療照護諮商 ，並經其於預立醫療決定上核章證明。

2.經公證人公證或有具完全行為能力者二人以上在場

　　見證。

3.經註記於全民健康保險保險憑證。

　　意願人另得指定醫療委任代理人，由該代理人接受意願人書面委任，於意願人意識昏迷或無法清楚表達意願時，代理意願人表達意願。關於預立醫療決定之內容、範圍及格式由衛福部定之（參見書末附錄 D–4）。

◆　以「末期病人」為例

　　以「末期病人」為例，其可就「維持生命治療」與「人工營養及流體餵養」預立醫療決定。所謂「末期病人」是指指罹患嚴重傷病，經醫師診斷認為不可治癒，且有醫學上之證據，近期內病程進行至死亡已不可避免者；所謂「維持生命治療」是指心肺復甦術、機械式維生系統、血液製品、為特定疾病而設之專門治療、重度感染時，所給予之抗生素等任何有可能延長病人生命之必要醫療措施；所謂「人工營養及流體餵養」是指透過導管或其他侵入性措施餵養食物與水分。而就「維持生命治療」來說，意願人可於官版之預立醫療決定書勾選：

□我不希望接受維持生命治療。

□我希望在＿＿＿（一段時間）內，接受維持生命治療
的嘗試，之後請停止；但本人或醫療委任代理人得
於該期間內，隨時表達停止的意願。

□如果我已經意識昏迷或無法清楚表達意願，由我的
醫療委任代理人代為決定。

□我希望接受維持生命治療。

◆ 尊嚴死去

　　人類面臨死亡之時常會歷經一段類似拔河的過程，自己
與死神搏鬥，親屬也參與其中，搖旗吶喊，聲嘶力竭。作為
摯愛的親屬，總希望能用盡一切手段維持垂死親人的生命跡
象。耶魯大學醫學院外科醫生許爾文‧努蘭 (Sherwin
Nuland) 曾以高超的醫術救過不少垂死病人，但在他所寫的
《死亡的臉》（時報出版，原文書名：*How We Die:
Reflections on Life's Final Chapter*）卻表示：「在我自己的生
命即將結束時，我將會尋找盡可能不受痛苦的方法，更不會
讓自己嘗試不必要的方法來維持生命，並且確定自己不會孤
寂而去。我已經開始尋找這個希望，好好過自己的生活，讓

那些尊重我的人，可以在我生時受惠，並在我死後能因回憶而得到安慰」（參見該書第 318 頁）。這樣的澈悟或許已漸漸被世人所接受，但悲痛的親屬面臨生離死別之際，卻常是難分難捨，舉棋不定，捨不得將愛人釘上十字架，這也是人性使然。

　　病人自主權利法的制定係為尊重病人醫療自主、保障其善終權益，促進醫病關係和諧。長者亦可善用預立醫療決定書作為自己的 Living Will，讓自己對於身體老化朽壞的處理能有某程度的自主決定權。相對於遺產來說，錢財乃身外之物，生不帶來死不帶去，身體則是自己活著時所親自使用，更應重視其末期如何處理。

第五章

功德圓滿後的繼承事宜

一 喪葬費用：推來推去由誰分擔？

　　人終有一死，但還是很忌諱談論死亡，更別說預先規劃「身後事」之首的喪葬事。俗云「死者為大」，父母過世後，當然是由子女處理喪葬事，而關於喪葬禮究竟要採取何種宗教儀式？簡單還是奢華？可能就有不同想法。至於喪葬費用可是一筆不小的開支，總得有人出面結帳付款。倘若有子女僅到場治喪卻置之不理，也不願意分擔喪葬費用，還質疑支付者是否挪用遺產公款，如此這般斤斤計較，天上的父母也會難過。

　　老劉在老伴先走後就鬱鬱寡歡，身體也每況愈下，甚至罹患重症，自從住進醫院病房後就沒有再回到老家。老劉有兩個小孩，大劉在國外成家立業，小劉至今仍是孤家寡人開計程車維生，不像哥哥這麼會念書還能出國發展。不過小劉倒是很孝順，陪伴老劉度過晚年並照顧其起居，而老劉在醫院過世時，守候在床邊的還是小劉，大劉則來不及趕回來見老劉最後一面。老劉的喪事是由小劉辦理，喪禮簡單莊重，火化後的骨灰放在靈骨塔。等到兩兄弟要辦理遺產繼承事宜時，大劉對於老劉留下

的老家房產露出滿意的微笑，卻對於老劉剩下的銀行存款只有幾千元斤斤計較，質疑被小劉不當挪用。小劉則表示老劉的喪葬費用大約花了 50 萬元，其中 30 萬元是從老劉的存款支付，剩下的 20 萬元則是小劉自己掏腰包墊付。令小劉忿忿不平的是，姑且不計較老爸晚年都是他在照顧，大劉至少也應該負擔老劉的喪葬費用，怎麼對於喪事不理不睬還反倒質疑小劉中飽私囊！

◆ 父母過世後的喪葬費用，應由繼承人一起分擔？

父母過世後，子女依法承受其財產上之一切權利義務，也需辦理喪葬事宜。對於喪葬事宜如何辦理宜事先諮詢親朋好友，也可上網到內政部建置的「全國殯葬資訊入口網」（參見書末附錄 A-12）查詢，以了解更多相關資訊。

關於父母過世後發生的喪葬費用如何分擔？民法並無明文規定。值得注意的是依民法第 1150 條規定，關於遺產管理、分割及執行遺囑之費用，由遺產中支付之。其中關於遺產管理之費用包括那些項目？實務上認為遺產保存上所必要不可欠缺之一切費用，如事實上之保管費用、繳納稅捐等均屬之。至於被繼承人之喪葬費用，實際為埋葬該死亡者有所支出，且依一般倫理價值觀念認屬必要者，性質上亦應認係

繼承費用，並由遺產支付之。

在前述案例中老劉過世後所生的喪葬費用應由遺產支付，而非由小劉獨自承受。而其他與遺產管理有關之費用如遺產稅等，也是比照喪葬費用處理模式辦理。

◆ **若某子女於父母過世後，先自行代墊或提領父母存款以支付喪葬費，該如何處理？**

父母過世後如果遺產還未分割，而由其中某名子女先行自掏腰包代墊喪葬費，就該支出之喪葬費，可於遺產分割時由遺產中支付（參見民法第 1150 條），也就是在進行遺產分割時需先扣還該喪葬費。而如果遺產已分割，卻尚未處理該代墊款，則該子女可向其他繼承人以不當得利（關於不當得利，請參考第一章的 「九、 據法力爭 ： 債務人欠錢怎麼要？」）為由，請求返還其依應繼分應分擔之費用。

另就父母過世後，而由其中某名子女提領父母的存款以支付喪葬費的情形，此舉即係由遺產中支付遺產管理之費用（參見民法第 1150 條）。然而其他子女可能會質疑遭提領之存款，遠大於喪葬費或並非作為喪葬之用，因此提領者應保留喪葬費用支出單據，且需屬於合理必要者，以杜爭議。倘若其他子女指控提領父母存款者，涉嫌侵占、竊盜或詐欺等刑事財產犯罪，提領者則得以其係作為喪葬之用，以證明其

並無意圖為自己或第三人不法所有，欠缺犯罪主觀構成要件。因此在前述案例中小劉可從老劉的存款支付喪葬費用，至於其另外自掏腰包墊付的喪葬費用，亦可從遺產支出或要求大劉分擔一半。

◆ **父母預先規劃身後事**

父母過世後，子女除依法承受遺產外，也須負擔包括喪葬費用在內的遺產管理費用。

喪葬費用除依法由遺產支付之外，子女亦可留意是否可由社會保險制度獲得喪葬津貼。例如子女有保勞保（即被保險人），其父母死亡可請領喪葬津貼，按被保險人平均月投保薪資發給 3 個月（參見勞工保險條例第 62 條）；而若父母有勞保身分，則父母死亡時，支出喪葬費之人亦得請領喪葬津貼，按被保險人平均月投保薪資一次發給 5 個月（參見勞工保險條例第 63 條與 63 條之 2）。

若父母遺產不足、喪葬津貼不夠用、或為因應緊急需求，則子女可能會先行代墊或提領父母存款支付相關費用，這可能引發其他繼承人的質疑而產生不必要的糾紛。

有些「孝子」的父母有感於與其靠子保、國保不如「自保」，即已預留一筆資金作為晚年時的生活費、照顧醫療支出、以及臨終後之喪葬費用等遺產管理之用，不僅讓自己無

後顧之憂，子女也不須自掏腰包甚至為錢反目。如父母確有此規劃，除口頭告知子女之外，最好還是能以書面方式指示該筆資金（如存款）授權某子女如何使用，以利該子女得以父母指示書作為其動用資金之護身符，避免日後遭其他子女或繼承人質疑其不當挪用父母資產，中飽私囊，倘若還因此爭吵涉訟，天上的父母看了也會流眼淚。

法律參考工具

關於繼承費用的重要實務見解

1. 依民法第 1150 條規定，關於遺產管理、分割及執行遺囑之費用，由遺產中支付之。實務上認為該條所稱之「遺產管理之費用」，乃屬繼承開始之費用，該費用具有共益之性質，不僅於共同繼承人間有利，對繼承債權人、受遺贈人、遺產酌給請求人及其他利害關係人，均蒙其利，當以由遺產負擔為公平，此乃該條本文之所由設（參見最高法院 99 年度台上字第 408 號民事判決）。

2. 被繼承人之喪葬費用，實際為埋葬該死亡者有所支出，且依一般倫理價值觀念認屬必要者，性質上亦應認係繼承費用，並由遺產支付之（參見最高法院 109 年度台上字第 89 號民事判決）。

3. 因遺產而生之稅捐及費用，實務上認為應由繼承人按其應繼分負擔之，此為繼承人間之內部關係，從而繼承人之一代他繼承人墊支稅捐及費用者，該墊支人得依不當得利規定向他繼承人請求返還其應

負擔部分。至於民法第 1150 條規定得向遺產中支取，並不阻止墊

支人向他繼承人按其應繼分求償，尤其於遺產分割後，更為顯然

（參見最高法院 74 年度台上字第 1367 號民事判決）。

二 老伴優先：遺產繼承前另一半可以先拿？

　　「執子之手，與子偕老」是結婚典禮上常聽到的誓言。然而老夫老妻牽手走了大半輩子，總有一方會先離開人世。還在世的老伴身為配偶，依法固然是與子女平均分配遺產，但可別忽略法律另有關於夫妻剩餘財產分配的規定！在世的老伴有權先拿走其依法應得的部分，而就剩下來的遺產還可與子女均分，亦具有節省遺產稅的效果，可別讓權利睡著了！

◆ 夫妻一方死亡，在世的配偶可主張剩餘財產分配請求權

　　夫或妻若剩餘財產較多的一方先過世，生存的一方可主張行使剩餘財產分配請求權，此部分的價值得自先過世者之遺產總額扣除。嚴格來說，剩餘財產分配並不是向比較有錢的他方要他一半的財產，而是要就雙方結婚後所發生的財產與負債綜合計算剩餘財產之差額再平均分配。

　　法定夫妻財產制關係消滅時（如離婚或配偶一方死亡），才有夫妻剩餘財產分配請求的適用。由於一般民眾很少會特別約定夫妻財產制，故大都適用法定財產制。除了離婚之外，配偶一方死亡也是法定夫妻財產制關係消滅的原因，而在世的配偶如婚後剩餘財產較少，可向死亡的一方主張剩餘財產

234

分配請求權，其基本計算方式為：夫或妻現存之婚後財產，扣除婚姻關係存續所負債務後，如有剩餘，其雙方剩餘財產之差額，應平均分配（參見民法第 1030 條之 1）。另須注意，因繼承或其他無償取得之財產與慰撫金不列入財產計算，這是因為這類特定財產是基於單方個人因素而獲得，與夫妻養家分工合作無關。

以老林夫婦為例，假設老林與妻子結婚時，老林婚前財產有 200 萬元，妻子婚前財產有 100 萬元。當老林過世時，其當時存在的婚後財產有 1,000 萬元，負債 200 萬元，故剩餘財產為 800 萬元；而妻子婚後財產有 500 萬元，負債 100 萬元，故剩餘財產為 400 萬元。在計算夫妻剩餘財產分配時，不用管兩人婚前財產有多少，只要針對婚後財產扣除負債後的剩餘財產進行扣減，如有剩餘，再平均分配。基上，老林剩餘財產 800 萬元，妻子剩餘財產 400 萬元，差額為 400 萬元，平均分配為 200 萬元，故妻子可從老林的遺產中先拿走剩餘財產分配之金額為 200 萬元。

236

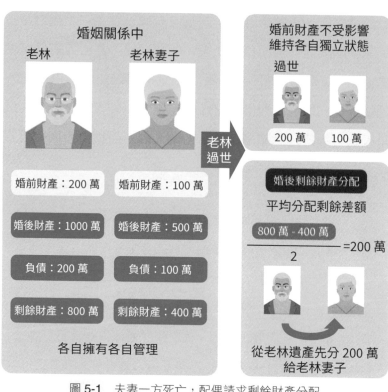

圖 5-1　夫妻一方死亡，配偶請求剩餘財產分配

　　承上例，老林的遺產包括婚前與婚後財產扣除負債，合計 1,000 萬元 (200 + 1,000 − 200)。原本該遺產依法可由妻子及 4 名子女共 5 人平均分配繼承，每人可分得 200 萬元。但因老林的妻子可先從 1,000 萬元的遺產拿走 200 萬元的剩餘財產分配，故遺產變成 800 萬元，而由 5 位繼承人均分，故每人可分得 160 萬元。就妻子來

說，因老林過世，她總共可以分配到 360 萬元，包括 200 萬元的剩餘財產分配以及 160 萬元的應繼分，比原本可分到的多 160 萬元，且比個別子女多分到 200 萬元。這就是老夫老妻較有錢的一方過世時，留給老伴的禮物。此乃法律上肯定家事勞動價值以及夫妻共同對家庭的貢獻，是配偶優先應得的，子女千萬不能跟父母計較！

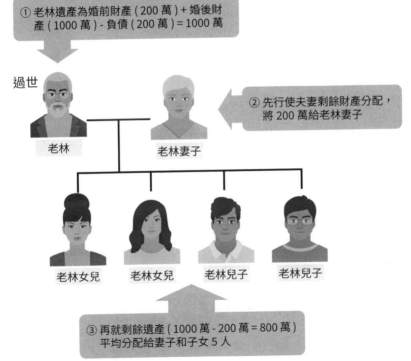

① 老林遺產為婚前財產 (200 萬) + 婚後財產 (1000 萬) - 負債 (200 萬) = 1000 萬

過世

老林　　　老林妻子

② 先行使夫妻剩餘財產分配，將 200 萬給老林妻子

老林女兒　老林女兒　老林兒子　老林兒子

③ 再就剩餘遺產 (1000 萬 - 200 萬 = 800 萬) 平均分配給妻子和子女 5 人

圖 5-2　先保留剩餘財產分配、再分遺產

◆ 夫妻剩餘財產分配，也有節省遺產稅的效果

　　遺產稅計算時會綜合計算被繼承人的各種財產、免稅額、扣除額等。夫妻剩餘財產分配的金額亦可列入扣除額，故可減少遺產總額，也可能得以適用較低之稅率，從而降低遺產稅的負擔，具有節稅的效果。另須注意以下幾點：

> 1. **要確實給付夫妻剩餘財產分配，否則不能免除遺產稅**
>
> 被繼承人之配偶依民法第 1030 條之 1 規定主張配偶剩餘財產差額分配請求權者，納稅義務人得向稽徵機關申報自遺產總額中扣除。惟若納稅義務人未於稽徵機關核發稅款繳清證明書或免稅證明書之日起 1 年內，給付該請求權金額之財產予被繼承人之配偶者，稽徵機關應於前述期間屆滿之翌日起 5 年內，就未給付部分追繳應納稅賦（參見遺產及贈與稅法第 17 條之 1）。簡單來說，老伴該拿的夫妻剩餘財產分配，應確實給付，否則會被追繳遺產稅。
>
> 2. **死亡前 2 年的贈與算遺產，要課稅**
>
> 若被繼承人死亡前 2 年贈與財產給配偶，仍視為被繼承人之遺產，併入其遺產總額而課徵遺產稅（參

見遺產及贈與稅法第 15 條），而無法達成節稅目的。
另就該贈與配偶的財產，係配偶無償取得，故於計
算夫妻剩餘財產分配時並不會列入配偶的婚後財產
（參見民法第 1030 條之 1），但卻會減少先死亡之
被繼承人的婚後財產，導致配偶所得請求的剩餘財
產分配減少。因此，上開贈與並非是完美的財產規
劃。

3. **等到另一方也過世時，繼承人還是要繳該稅款**

配偶一方先過世，他方如果得到夫妻剩餘財產之分
配，等到他方過世後，也會被列入遺產總額而仍可
能會被課徵遺產稅，所以後死亡配偶的繼承人還是
需要依法按時繳納遺產稅。最高行政法院在首件大
法庭裁定，有處理類此情形之遺產稅核課期間計算
之法律見解可資參考（參見最高行政法院 108 年度
大字第 1 號裁定）。

4. **只有生者才可以享有夫妻剩餘財產分配**

如果是反過來，先過世的配偶是剩餘財產比較少的
一方，則過世的配偶對生存的另一半可取得夫妻剩
餘財產分配請求權，但因為其已過世，且該請求權

依法不能讓與或繼承（參見民法第 1030 條之 1），所以他的繼承人也不得繼承該請求權。

◆ 放手離去時，仍留一手給老伴

俗話說：「百年修得同船渡，千年修得共枕眠」。老夫老妻相知相守，是前世修來的緣份與福份。執子之手，與子偕老，但終須一別。「在最好的時間遇見你，是我的運氣」，這是香港導演王家衛在電影《一代宗師》安排章子怡給梁朝偉的一句臺詞；她也說：「世間所有的相遇，都是久別重逢」。夫妻之間亦是如此，即使肉身分離，將來在天上終究會久別重逢！

夫妻先走的一方，揮一揮衣袖，固然不帶走一片雲彩，但在法律上除了遺產應繼分之外，可能還會留給老伴關於夫妻剩餘財產之分配，這是優先於遺產分配的權利，也具有節稅的效果，但很多老年人卻不知道。希望透過以上的說明，老夫老妻都能重視且把握另一半留給自己的權利，而子女也要善盡孝道，成全父母死後留下給老伴的心意與財富！

三 後事勿忘：長輩過世後有哪些保險金可申領？

　　長輩一旦過世，家屬忙著處理後事，喪葬之後還要申報遺產稅，這都需要錢。有些長輩會特別預先留下一筆用來辦後事的錢以免造成家屬負擔，而如果家屬經濟狀況良好或是長輩的遺產還夠用，尚不需過度憂慮。但若家屬經濟狀況欠佳，哀傷辦理後事之餘，更應留意長輩過世後是否有保險金可得申領。長輩生前投保的社會型保險與商業型保險，可能有以被保險人死亡為給付條件的保險金，這也是長輩留下來的善款活水，別讓權利睡著了！

◆ 社會型保險

　　長輩過世後，家屬的基本經濟上需求主要有兩類：喪葬費支出與生活補助。國家提供社會型保險，如勞保、國民年金等給予國民基本的保障，雖然金額並不很多，但可構成經濟安全的基本保障。國民年金是社會保險中最基本的保險，其立法目的即表示：為確保未能於相關社會保險獲得適足保障之國民於老年、生育及發生身心障礙時之基本經濟安全，並謀其遺屬生活之安定。基此，如果長輩沒有勞保或其他社會保險，至少還有國民年金可申領。以下簡述與長輩死亡有

關的兩類社會保險給付：

1.喪葬費支出：

(1)以國民年金來說，長輩有投保而死亡者，按其月投保金額一次發給 5 個月「喪葬給付」，由支出殯葬費之人領取之，並以一人請領為限。保險人核定前如另有他人提出請領，保險人應通知各申請人協議其中一人代表請領；未能協議者，保險人應平均發給各申請人。

(2)如長輩有投保勞工保險而死亡者，得由支出殯葬費之人請領「喪葬津貼」，依長輩平均月投保薪資一次發給 5 個月。但其遺屬不符合請領遺屬年金給付或遺屬津貼條件，或無遺屬者，按其平均月投保薪資一次發給 10 個月的喪葬津貼。

(3)另如長輩為公教人員，則可依公教人員保險法相關規定請領「眷屬喪葬津貼」。

2.生活補助：

(1)以國民年金來說，長輩有投保而死亡，遺有配偶、子女、父母、祖父母、孫子女或兄弟、姊妹者，其遺屬得請領「遺屬年金給付」。但國民年金法對於遺屬得領取的條件設有一定門檻，詳細請參本單元後的法律參考工具。

長輩死亡後之遺屬年金的給付標準為依長輩之保險年資合計每滿 1 年，按其月投保金額發給 1.3% 之月給付金額。自遺屬提出申請且符合條件之當月起按月發給至應停止發給或死亡之當月止。

惟遺屬年金給付之申領實務上，還是有很多民眾未申領，可能是因為不知道或是覺得金額太少，但對於經濟困苦者來說，其實不無小補，可別讓權利睡著了。

⑵如長輩投保勞工保險而死亡，遺有配偶、子女、父母、祖父母、受其扶養之孫子女或受其扶養之兄弟、姊妹者，得請領「遺屬年金給付」，依長輩之保險年資合計每滿 1 年，按其平均月投保薪資之 1.55% 計算。而若長輩於勞工保險條例 97 年 7 月 17 日修正之條文施行前有保險年資者，其遺屬除得請領遺屬年金給付外，亦得選擇一次請領「遺屬津貼」，如長輩參加保險年資合計已滿 2 年者，按其平均月投保薪資一次發給 30 個月的遺屬津貼。

⑶另如長輩為公教人員，則可依公教人員保險法相關規定請領「死亡給付」。

◆ 商業型保險

社會保險是提供國民基本的保障，不足的部分則可透過商業保險來加強。108 年 9 月間金管會主委透漏保險業曾有上百億元的保險金找不到人來領，震驚社會大眾。這裡面有部分是過世親人的保單，可能是子女或受益人不知道父母生前有投保，但其實是可以透過戶政機關或壽險公會來協助查詢。

許多商業保險商品有以被保險人死亡為給付條件，例如屬於長照險類型之一的失能險，除了提供生存時依不同失能級數的失能給付之外，也提供身故保障。又如實務上熱銷的儲蓄型人壽保險，除提供優於銀行定存利率的生存（祝壽）保險金之外，也提供身故保障。

由上可知，透過商業保險的安排，長輩可於年老生存時享有失能、儲蓄的保障，於死後亦可留下一筆比累計保險費還高的死亡保險金給後代，可說是「一保數得」。值得注意的是，過往有認為人壽保險具有躲債與節稅的效果，但不可一概而論，尚須注意以下之實務見解：

1. **人壽保險的保單價值準備金，有可能被債權人強制執行：**

投保人壽保險固然是希望獲得保險金的保障，惟如

要保人另有資金需求，其得辦理保單質借，亦即以保險契約為質向保險公司借款（參見保險法第120條），另可終止保險契約，向保險公司取回保單價值準備金（參見保險法第116條、119條）。所謂保單價值準備金乃是採平準保費制而預（溢）繳保費所累積作為計算基準之保單現金價值；而平準保費制則係指採固定費率而將風險較高時期（如老年）的保費平均分攤在每一年，使得風險較低時繳的保費相對較高而預（溢）繳。因此實務上有認為基於人壽保險契約請求返還或運用保單價值準備金之權利，為要保人所有之財產權，類似存款具有融通資金的作用。

至於當要保人負有債務無法清償時，其債權人得否聲請法院強制執行要保人的保單價值準備金，司法實務過往有正反兩說的爭議。值得注意的是最高法院大法庭於111年12月9日作成108年度台抗大字第897號民事裁定採取肯定說。該裁定統一法律見解而認為執行法院於必要時，得核發執行命令終止債務人為要保人之人壽保險契約，命第三人保險公司償付解約金，其理由主要為要保人基於壽險契約請求返還或運用保單價值之權利，為其所有之財

產權，即得為強制執行之標的。而終止壽險契約，乃使抽象之保單價值轉化為具體解約金償付請求權所不可欠缺，係達成換價目的所必要之行為，執行法院自得為之。惟該裁定另提示，執行法院於裁量是否行使終止權執行解約金債權時，仍應審慎，宜先賦與債權人、債務人或利害關係人陳述意見之機會，於具體個案兼顧債權人、債務人及其他利害關係人之權益，為公平合理之衡量。

2. **投資型的人壽保單未必能節稅：**

保險除了保障生命財產的安全之外，也可作為節稅的工具。人身保險、勞工保險及軍、公、教保險之保險給付等免納所得稅（參見所得稅法第 4 條第 1 項第 7 款），而納稅義務人、配偶或受扶養直系親屬之人身保險、勞工保險、國民年金保險及軍、公、教保險之保險費，每人每年扣除數額以不超過 2 萬 4 千元為限（但全民健康保險之保險費不受金額限制），可作為所得稅之列舉扣除額（參見所得稅法第 17 條第 1 項第 2 款第 2 目之 2）。

此外，人死之後，繼承人就其繼承之遺產要繳納遺產稅，惟依保險法之人壽保險一節規定，保險金額約定於被保險人死亡時給付於其所指定之受益人

者，其金額不得作為被保險人之遺產（參見保險法第 112 條）。故長輩為避免遺產太多致子女繳納高額遺產稅，可考慮投保具有死亡給付之人壽保險，且必須指定受益人（如子女），則可作為節稅的工具。

值得注意的是，實務亦常見保險公司推出投資型保險之保單，與人壽保險做結合，如變額壽險、變額萬能壽險等商品。投資型保單兼具保險保障與投資理財功能，受到國人廣泛喜愛，是許多保險公司與代銷銀行的金雞母。然而實務上有稅務機關在特定案例認定某些長輩購買的保險商品是非法的規避稅捐，而非合法的節稅，其保險金應算入遺產，導致繼承人不僅要補繳遺產稅還會被罰款，增加額外的財務負擔！

亦有判決認為投資型保險係由要保人承擔投資風險，此與人壽保險具有分散風險之功能不符，且非以人壽為保險標的，故不適用免稅規定（參見最高行政法院 100 年度判字第 1589 號判決、103 年度判字第 30 號判決）。因此，以保險作節稅規劃亦應留意上開案型。

綜上，長輩過世之後，家屬固然哀悼不捨，忙於辦理後事之餘，也應特別注意長輩留下的遺產之外，是否還有保險金可得申領。這雖然不能說是富貴險中求，但長輩依法與依約所得領取的社會型保險與商業型保險，也是留給家屬的保障，要好好珍惜！

法律參考工具

國民年金法對於遺屬年金給付門檻

例如配偶應年滿 55 歲且婚姻關係存續 1 年以上，但若無謀生能力或扶養子女者則不受限制，或是年滿 45 歲且婚姻關係存續 1 年以上，且每月工作收入未超過其領取遺屬年金給付時之月投保金額。

至於遺屬如為子女，則應為未成年，或無謀生能力，或是 25 歲以下，在學，且每月工作收入未超過其領取遺屬年金給付時之月投保金額。而配偶與子女皆為第一順位得受領遺屬年金給付者，若未能協議如何分配，則平均受領。

遺屬年金申請時效性

在以前遺屬年金給付是提出申請才會發放。也就是説，在符合條件的一年後才提出申請，就會少拿一年的錢。修法後則讓晚申請者，在提出請領之日起前 5 年得領取之給付，由勞保局依法追溯補給之，不過只限於 105 年 3 月 1 日起符合條件者。 直到大法官做出釋字第 766 號解釋，認為基於對國民財產權與生存權的保障，在 105 年 2 月

29 日以前發生死亡事故者，如果沒有在符合請領條件的當月提出，也應該可以從申請那天起，往回請求 5 年內的年金給付（參見大法官會議釋字第 766 號解釋）。

四 債留子孫：長輩走後有債務怎麼辦？

未成年的小何，在父親去世後才發現，由於父親生前積欠卡債及房貸未繳清，居然繼承了千萬元債務而被銀行追討，不僅存在自己戶頭的錢被法院強制執行，家中房產也都被查封，以後就算工作一輩子可能也還不清，小何因此而陷入愁雲慘霧中。難道先人留下的債要後代繼續償還嗎？

◆ 小心繼承債務的三個誤區

負債讓人有壓力，債留子孫更讓後代蒙受無妄之災。關於繼承債務，其實在民法繼承編修改後，上述案例不太會再發生，然而一般人可能還是會陷入三個誤區而需要加以釐清，才能有效規劃遺產繼承事宜，避免債務如雪球般越滾越大還傳宗接代。

繼承時需先確認繼承人有哪些人？以及遺產與債務的範圍為何？才能做好因應措施，如果債務大於遺產，可能要依法進行遺產清算程序，甚至拋棄繼承。相對於遺產，債務比

較難以確認，民眾可向金融聯合徵信中心申請被繼承人的信用報告（參見書末附錄 A–14），以查知被繼承人積欠哪些金融機構哪些債務（如房貸、卡債等），但此舉卻查不到其他之民間債務。若要進行有效之查詢與確認，可依民法繼承編相關規定辦理遺產清算程序，並聲請法院公示催告命被繼承人之債權人於一定期限內報明其債權（參見民法第 1157 條）。

如果被繼承人生前曾有賭博習慣或是曾向地下錢莊借錢，則繼承人看得到的債務可能只是冰山一角，看不到的債務則讓人寢食難安。為避免發生如鐵達尼號撞上冰山的嚴重後果，繼承人須謹慎面對繼承債務之處理，更應避免掉入以下三個誤區。

◆ 誤區一：父債子還

民間傳統上認為「父債子還」是天經地義的事，但就現行法律來說，已非如此。基於男女平等，子女都有權利繼承父母的遺產，也會繼承債務。此外，倘若父親的債務很多，現行的繼承法制的本質是「限定繼承」，也就是以繼承所得遺產為限，償還繼承人之債務，另可採取「拋棄繼承」的做法，由繼承人放棄被繼承人的遺產及債務。

因此，正確的講法應該是：父債，子女都要還，但是以繼承之遺產為限，還可以拋棄繼承。如果長輩於在世時能盡

力清理自身債務，晚輩能注意繼承債務之處理，則可避免債留子孫，重新看到一片藍天！

◆ 誤區二：限定繼承絕對不會影響到繼承人的財產

我國繼承制度採取「當然繼承」與「概括繼承」原則，也就是繼承人不需要為任何表示或踐行任何特定方式，即可當然繼承被繼承人財產上概括的一切權利義務（參見民法第1148條第1項）。值得注意的是，我國民法於98年修法改採「概括繼承／限定責任」，亦即以「限定繼承」為原則，也就是繼承人對於被繼承人之債務，以因繼承所得遺產為限，負清償責任（參見民法第1148條第2項）。

一般人常以為既然法律採用限定繼承原則，那麼即使繼承到的債務大於遺產，最多只需要以遺產清償，自己原來名下的財產絕對不會受到影響。這樣的認知其實是在一定條件下才正確，也就是繼承人須依法進行遺產清算程序，才能享有限定繼承的好處。否則，繼承人自己的財產還是有可能會遭到被繼承人的債權人追償。

例如繼承人小張繼承到父親老張900萬元的遺產，但老張另外積欠甲、乙、丙分別為500萬元、400萬元、300萬元的債務，負債大於遺產。如果小張依法進行遺

產清算程序，則老張 900 萬元的遺產，依積欠債權人的數額比例計算 (5:4:3)，甲、乙、丙分別可分配到 375 萬元、300 萬元、225 萬元，不足的部分，債權人不得向小張討債。惟若小張並未依法進行遺產清算程序，而是先將老張財產還給了他已知或是想還的債權人甲與乙各 500 萬元與 400 萬元而一毛不剩，後來債權人丙跳出來說老張欠他 300 萬元依比例分配應得 225 萬元，則小張還必須拿他自己本來的財產支付 225 萬元給丙。

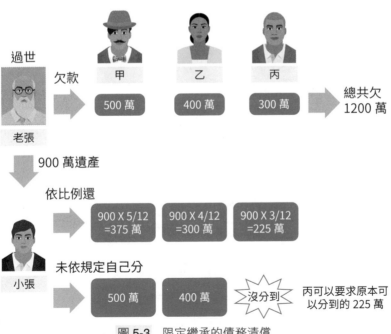

圖 5-3　限定繼承的債務清償

　　上述案例的不同處理結果是因為限定繼承須以進行遺產清算程序為條件，才能以遺產為限度依債務額比例償還，因為這樣對債權人比較公平。至於遺產清算程序為何？現行法制規定一套由法院介入的清算程序如下：

1. 繼承人於知悉其得繼承之時起 3 個月內開具遺產清冊陳報法院（參見民法第 1156 條）。遺產清冊之內容包括不動產、存款等財產，也須記載已知債務。該陳報狀的格式、與其他家事事件相關書狀可參見書末附錄 B-30。

2. 法院應依公示催告程序公告（如登報），命被繼承人之債權人於一定期限內（須超過 3 個月）報明其債權（參見民法第 1157 條）。被繼承人之債權人若未於該一定期限內報明其債權，而又為繼承人所不知者，僅得就賸餘遺產，行使其權利（參見民法第 1162 條）。

3. 在債權報明期限屆滿後，繼承人對於該報明之債權及繼承人所已知之債權，均應按其數額，比例計算，以遺產分別償還。但不得害及有優先權人（如抵押權人）之利益（參見民法第 1159 條）。

4. 於報明債權期間屆滿後 6 個月內，繼承人應向法院

陳報償還遺產債務之狀況並提出有關文件（參見家事事件法第 131 條）。

透過法院介入的清算程序的好處是可藉由債權催告程序，了解被繼承人到底欠哪些債權人多少債務，而且可以一併處理，至於日後才跳出來討債的債權人，僅得就賸餘遺產行使其權利。繼承人違反法院清算程序致被繼承人之債權人受有損害者，須負賠償責任（參見民法第 1161 條第 1 項）。相對而言，如果繼承人不依法院介入的清算程序，而自己辦理清算程序，對於被繼承人債權人之全部債權，仍應按其數額，比例計算，以遺產分別償還，但不得害及有優先權人之利益（參見民法第 1162 條之 1）。

如前例，若繼承人小張未依債權比例清償，或是日後跳出新的債權人丁來討債，小張仍須按丁應受償比例償還債務。而老張的債權人可以就應該受償還但還沒獲得償還的部分，對小張行使權利（參見民法第 1162 條之 2 第 1 項），此時則繼承人小張自己的財產就有可能會被追償。

除上開情形外，繼承人於在繼承開始前 2 年內，從被繼承人受有財產之贈與者，該財產視為其所得遺產（參見民法第 1148 條之 1），而仍需用來清償被繼承人之債務。

又繼承人若是有隱匿遺產情節重大、在遺產清冊為虛偽

之記載情節重大、或是意圖詐害被繼承人之債權人之權利而為遺產之處分等情事,則喪失限定繼承之利益(參見民法第1163條)。

◆ 誤區三:拋棄繼承只用嘴巴講講

如果被繼承人的遺產有限卻債臺高築,可能還有很多看不到的債務冰山,繼承人另須考量拋棄繼承。然而一般人常誤以為只要跟被繼承人或其他繼承人說自己不要繼承,抑或是對外宣稱斷絕親屬關係,這樣就算是拋棄繼承,但卻忽略拋棄繼承須依法按時進行特定的程序。

依民法相關規定,繼承人可以拋棄其繼承權,應該在知道可以繼承開始起 3 個月內,以書面向法院為之。拋棄繼承後,應以書面通知因其拋棄而應為繼承之人(參見民法第1174條)。繼承之拋棄,溯及於繼承開始時發生效力(參見民法第 1175 條)。基上,辦理拋棄繼承須依法定時限向法院為之,還要書面通知因其拋棄而依繼承順位應為繼承之人(應繼分拋棄之歸屬可參見民法第 1176 條)。關於拋棄繼承聲明狀之格式可參照司法院網站所示(參見書末附錄 B-3)。

自己拋棄繼承還不夠,還要通知自己拋棄繼承後,該應繼分依法歸屬之其他繼承之人,例如父親死亡後,第一順位繼承人中之大哥拋棄繼承,其應繼分會歸屬於其他同為繼承

人之母親及弟妹。如此一來，該歸屬之人才會注意到自己也需要辦理拋棄，而不致於橫生意外之債。而若是其他應繼承之人是自己的子女，更須要一併幫他們辦理拋棄，才不會讓債務隔代遺傳，禍延子孫。若是得為繼承之人都拋棄遺產，則遺產於清償債務並交付遺贈物後，如有剩餘，即歸屬國庫。

◆ 遺產繼承避免債留子孫

　　社會上常見有人因賭博或投資借款而負債累累，其親人乃聲稱斷絕親屬關係，拒絕再幫忙還債，可說是人倫悲劇。另據 109 年 3 月間的新聞報導，西班牙國王費利佩六世放棄繼承父親卡洛斯一世的個人財產，以與深陷財務醜聞的父王劃清界線。以上均凸顯一個人走完一生固然會累積相當財產，但也可能產生不少的負債與壞名聲。後代子孫未必會希望概括繼承長輩所有的一切財富與「財負」，「負二代」比富二代更難承受上一代留下來的恩怨情仇，宜善用法律機制避免債留子孫！

五 獨孤終老：單身者如何處理自己的遺產與寵物？

　　近年來單身族群增加，沒有結婚、沒有子女的單身者已司空見慣。有的仍然跟著父母親住在一起，或有被稱為啃老族；有的則自己一個人住，或有養寵物當作毛小孩來陪伴。父母親終究會老去，單身者勢必將面對獨老、獨死的問題。為了讓自己一人能夠頤養天年，單身者最好有一份穩定的工作，且能做好理財及退休的規劃，倘若不幸窮困潦倒，則需要尋求親友幫忙與社會救助。而若是單身者理財得宜，累積相當財產，但因為沒有父母、配偶及子女來繼承，則將面臨遺產要留給誰的問題，而寵物要如何託孤也是讓人為難。

　　　老沈終老一生，沒有結婚，也沒有子女，只有一隻老狗「汪旺」陪伴身旁。老沈是個專業的理財顧問，幫別人理財也幫自己理財，錢滾錢更是賺得盆滿缽滿，很早就退休過著閒雲野鶴的生活。他每天傍晚在淡水河畔遛狗看夕陽，羨煞周遭朋友，但是老沈反而感嘆：「夕陽無限好，只是近黃昏」，他已屬遲暮之年，終將如太陽沉沒大海，即使留下再多的銀行存款與再大的豪宅，終究要「揮一揮衣袖，不帶走一片雲彩」。人生在世打理出的

財富再多，也不能帶到天上，而老沈最捨不得的是那隻陪伴他多年的老狗，雖然「汪旺」仍然喜歡繞著老沈汪汪叫，但身體狀況已沒那麼旺了。老沈對著老狗喃喃自語：「汪旺，爸鼻要是走了，誰來照顧你呢？」老沈的父母早已過世，而他跟唯一的妹妹長期不合，根本不想把遺產留給她。老沈要如何規劃遺產呢？他可以把遺產留給汪旺嗎？

◆ 單身者如果不做遺產規劃會如何？

被繼承人的遺產繼承人依法有一定順序，亦即： 1.直系血親卑親屬（以親等近者為先）、 2.父母、 3.兄弟姊妹、 4.祖父母。如先順位沒有繼承人，才會輪到次順位繼承人，而如果被繼承人有配偶，則配偶並列同順位（參見民法第 1138～1144 條）。單身者死亡時，因為沒有配偶與子女，故遺產繼承人之法定順位應為其父母，而由於年長的父母通常比較早走，則繼承人多會是兄弟姊妹。又如法定順位的繼承人於單身者死亡前都已死亡或欠缺（如本來就沒有配偶、子女與兄弟姊妹），則單身者的遺產將歸屬國庫 （參見民法第 1185 條）。

至於寵物，其並非自然人，不具備權利能力，無從成為

法律上權利義務的主體，更非法定繼承人，故無權繼承任何遺產。依法論法，寵物反倒是遺產的一部分，屬於遺產繼承的客體而非主體。

　　因此，單身者如果不做任何遺產規劃，則其死亡後的遺產將依法定順序來分配。以老沈為例，雖然他在世時理財有方，但若是沒有做好遺產規劃，則其遺產將留給與其不合的妹妹，而老狗「汪旺」也是遺產的一部分，並無權繼承任何遺產。如果老沈的妹妹對「汪旺」欠缺母愛且沒有扶養的意願，則「汪旺」可能淪為流浪狗孤老至死，這是老沈不願意看到的晚景淒涼。

◆ 單身者的遺產規劃

　　單身者可訂立遺囑來做遺產規劃，得考慮於遺囑載明將特定遺產贈與給特定人（即遺贈），然而遺囑不能侵害法定繼承人的特留分，第四章的「七、特別的愛：遺產特留分如何保障與規避？」已介紹可資參照。以老沈為例，其死後的法定繼承人只有他的妹妹，其法定應繼分是百分之百，特留分則為其應繼分三分之一（參見民法第 1223 條）。因此老沈若立遺囑將遺產贈與給特定人，最好不要超過該給妹妹的特留分，否則妹妹可依法行使扣減權，勢必引發法律紛爭，此應非老沈所樂見。老沈另可考慮透過收養合適的人選作為子女，

讓原本沒有直系血緣關係的雙方，建立法律上的親子關係，則該養子女即為老沈第一順位的繼承人，可依法繼承老沈全部遺產，防止其妹妹整碗拿去。

此外，鑑於人的財產於死亡後才會變為遺產，因此廣義的遺產規劃，其實還包括於死亡之前先處分財產，「讓遺產變少」以避免爭議或浪費，主要可考慮贈與及信託。

贈與是將自己的財產無償給與特定人。單身者可預先將其財產贈與給親朋好友，或是捐贈給公益慈善機構。任何人均有權利處分自己所有的財產，故生前贈與不會有侵害遺產特留分的問題，因為被處分的財產根本還不是遺產。倘若單身者希望受贈人能負擔特定義務，則可特別約定「附負擔的贈與」，例如單身者預先將房屋贈與給親友，並約定讓單身者得繼續居住至死亡（這部分即是一種「負擔」）。

又如單身者贈與一筆金錢給母校，並約定該筆金錢作為獎學金，以嘉惠清寒或優秀學生（這部分也是一種負擔）。贈與附有負擔者，如贈與人已為給付而受贈人不履行其負擔時，贈與人得請求受贈人履行其負擔，或撤銷贈與。負擔以公益為目的者，於贈與人死亡後，主管機關或檢察官得請求受贈人履行其負擔（參見民法第 412 條）。

信託則是委託人將自己的財產移轉給受託人，使受託人依信託本旨，為受益人之利益或為特定之目的，管理或處分

信託財產，第一章的「三、財產信託：怎麼讓安養用錢沒煩惱？」已介紹可資參照。單身者可將其財產信託給銀行或其他受託人，先以自己為受益人以達安養照護之目的，另預先指定特定人作為自己死亡後之信託受益人，以達財富傳承之目的。

◆ 單身者的寵物規劃

單身者沒有親生子女，也可能不想收養子女，但卻有寵物作為毛小孩，情同自己的親人，就像老沈對待老狗「汪旺」一樣。單身者於遲暮之年，念茲在茲的除了身外財物如何處理之外，還包括視如己出的寵物該如何託孤。

單身者若是能將寵物贈與給同樣有愛心的爸媽來接手照顧，當然就功德圓滿。如果無法確保所託付者是否適當，尚可考慮以附負擔的贈與，將其財產贈與給親友，並約定親友需照顧其寵物。然而當單身者過世後，則無法確保受贈者履行其負擔的照顧義務，也無法撤銷贈與。因此，單身者另可考慮預先與寵物機構或特定人訂立寵物照顧契約，並由單身者透過信託方式由受託人以信託財產按期支付金額給寵物照顧者。以老沈為例，老沈可將其部分財產信託給銀行，除約定作為老沈在世時的安養費用支出之外，另約定於老沈過世後由銀行支付寵物安養費用給老狗「汪旺」的約定照顧者，

其餘信託財產則歸於老沈指定的受益人。如此一來，等老沈撒手人寰時，則可一無掛慮安心上路。

　　單身者如果能預先對遺產與寵物做好適當的規劃安排，即使身處一個人的武林，就算不是金庸筆下的絕世高手獨孤求敗，也可獨孤求「掰」，人生瀟灑走一回！

六 一身專屬：長輩過世後全部東西都可以繼承嗎？

父母過世後，常見子女為了爭遺產而撕破臉，但也有不想背負債務而拋棄繼承的。實務上容易忽略其實還有根本就不能繼承的東西，那就是權利、義務專屬於被繼承人本身者。

◆ 什麼可以繼承？什麼不能繼承？

我們都知道，繼承因被繼承人死亡而開始。繼承人自繼承開始時，原則上承受被繼承人財產上之一切權利、義務，例如：房屋、土地等不動產、現金、銀行存款、股票、基金等權利，以及借款、保證、欠稅等債務。惟如果繼承之債務大於遺產，繼承人除主張限定繼承而以繼承所得遺產為限清償債務之外，亦得拋棄繼承。

不過，我們常常忽略另一個繼承的法理，也就是權利、義務專屬於被繼承人本身者，不得繼承（參見民法第 1148 條規定）。這些具有一身專屬性而不得繼承的權利與義務，主要是與身分權及人格權有關（如親屬間之扶養請求權、身體受傷害之慰撫金、著作人格權等），而如果是以特別信任關係為前提的債權債務關係（如委任、雇傭等），也不得繼承。以下特別舉慰撫金請求權為例，說明一身專屬權利不能繼承

的情形。

◆ 慰撫金請求權原則上不能繼承

個人的權利受到他人不法侵害，可依法請求損害賠償。
若是人格權或是身分權受到侵害，除了可請求財產上的損害
賠償之外，還可請求非財產上的損害賠償，也就是俗稱的慰
撫金，用來撫慰被害人受傷的心靈。但若是被害人對加害人
的慰撫金請求權，尚未起訴或經加害人以契約承諾者，則依
法不得讓與或繼承，因其還沒有轉化成金錢給付的財產性質，
仍具有一身專屬性，故被害人之繼承人仍不能繼承已發生之
慰撫金請求權。

這類的慰撫金請求權發生的原因與人格權或身分權受到
侵害有關，例如：

> #### 1. 人格法益受侵害
> 故意或過失不法侵害他人之身體、健康、名譽、自
> 由、信用、隱私、貞操，或不法侵害其他人格法益
> 而情節重大者，被害人得請求賠償慰撫金（參見民
> 法第 195 條第 1 項）。

2. 身分法益受侵害

故意或過失不法侵害他人基於父、母、子、女或配偶關係之身分法益而情節重大者，被害人得請求賠償慰撫金（參見民法第 195 條第 3 項）。

3. 解除婚約時

依法定事由解除婚約時，無過失之一方得向有過失之他方，請求賠償慰撫金（參見民法第 977 條）。

4. 違反婚約時

無法定事由而違反婚約者，無過失之受害人得向他方，請求賠償慰撫金（參見民法第 979 條）。

5. 結婚無效時

因結婚無效或被撤銷而受有損害且無過失者，得向有過失之他方，請求賠償慰撫金（參見民法第 999 條）。

6. 判決離婚時

夫妻之一方，因判決離婚而受有損害且無過失者，得向有過失之他方，請求賠償慰撫金（參見民法第 1056 條）。

因此，若被繼承人因為身分權或人格權受到侵害，而對第三人可以請求賠償慰撫金，其家屬宜促使被繼承人在死亡前對加害人提起訴訟，這樣該慰撫金請求權才能繼承，**繼承人才能依法承受訴訟並繼續行使權利**。否則若無法繼承慰撫金請求權，加害人就可脫免賠償責任，更別說發揮撫慰人心的功能了！

◆ 社交帳戶的使用權不能繼承？

許多父母年紀大後雖然不像年輕時生龍活虎到處走動，卻能透過智慧型手機跟親朋好友賴來賴去聯絡感情，可說是一機在手如魚得水。父母在 LINE、臉書、YouTube 等社交與影音平臺的帳戶裡，所儲存與分享各色各樣的文字、照片、影片等數位資料，拼湊出其晚年的生活軌跡。人死之後固然肉身朽壞，塵歸塵土歸土，有如留在沙灘上的足跡被浪濤抹滅，然而留在網路上的數位足跡卻可能仍舊歷歷在目，可說是一種數位遺產，讓後代子孫追憶祖先在世的似水年華。

惟須注意社交帳戶的註冊使用者僅有該帳戶的使用權，法律性質上是一種基於契約而生的債權。社交平臺在服務條款常見約定：「除本公司同意外，關於本契約相關權利義務或契約上地位，客戶不得將其轉讓給第三人，亦不得使第三人繼承之。」或其他類似條款。此即民法第 294 條規定經當事

人特約不得讓與的債權，也可能被認為是民法第 1148 條規定專屬於被繼承人本身者而不得繼承。因此於父母過世後，子女可能會想要儘快將其手機內資料儲存備份，以免將來難以取得該社交帳戶而無法保存父母的數位資料。然而該數位資料也可能包含父母不希望他人知道的隱私，基於對長輩的尊重，最好能於父母在世時共同溝通討論關於社交帳戶及其他數位資料的處理。

值得一提的是，臉書特別提供「紀念帳號」的服務，也就是用戶面對未來的死亡，可預先選擇其臉書帳號於其死後永久刪除，或是將帳號轉為紀念帳號而仍會在臉書顯示以供親友瀏覽紀念，但禁止任何人登入以保護帳號安全，除非用戶另指定紀念帳號代理人來管理其主要個人檔案。由上可見，現代人即使到死都離不開科技，而長輩留下的數位塵埃要何去何從也是大哉問，前塵往事未必都會轉成雲煙！

◆ 哲人日已遠，典型在夙昔

固然一身專屬性的權利與義務不能繼承，子女作為一個人格的主體，其實也很難繼承父母的人生劇情，同樣的人生不會由後人繼承而重新上演一遍。

父母含辛茹苦拉拔子女長大成人，當父母的人生走向遲暮之年，血濃於水的親人終須一別。雖然天下終究還是有不

是的父母，但相信大多數父母都留下許多美好的故事典型，堪為子女學習緬懷。而子女對過世父母的思念，正如同黑夜來臨時，仰望天上的明亮星辰，彷彿每一顆星星，都訴說不同的家族傳奇。子女即使無法繼承父母的故事典型，仍應好好活出新的人生風貌，讓父母在天之靈獲得撫慰安息。

七 傳世遺作：先人智慧遺產可否繼承？

　　一般談到遺產，我們很容易想到存款、股票、不動產等實體財產，但其實先人在世所寫的著作屬於智慧財產，也是遺產的一部分。即使先人已過世，後代仍應繼續守護先人智慧的遺產。

◆ 作家過世留下的智慧遺產

　　近幾年來有許多具有相當分量的作家相繼過世，讓人懷念其筆下的文詞意境。例如知名作家楊牧於 109 年 3 月間過世，他生前留下不少新詩、散文、評論、翻譯的作品，如《楊牧詩集》、《葉珊散文集》、《一首詩的完成》等，文思雋永洗滌人心。楊牧還在花蓮的東華大學擔任人文社會科學院的創院院長，將人文薈萃帶入臺灣後山。而著名的兒童文學作家林良則於 108 年 12 月間過世，他長年在國語日報社服務，許多大朋友小朋友從小就讀過林良爺爺寫的文章與故事，如《小太陽》、《林良爺爺寫童年》、《蝸牛：林良的 78 首詩》等。

　　典型的文學作品之外，武俠小說則是華人社會裡特有的文化，進而改編的漫畫、戲劇、電影、電玩等更呈現多樣化發展。武俠小說界的巨擘古龍過世較早，而另一位泰斗金庸

則於 107 年 10 月間過世，留下轟動武林的鉅著如《射鵰英雄傳》、《神鵰俠侶》、《倚天屠龍記》等。武俠作品有小說也有漫畫，漫畫家鄭問於 106 年 3 月間過世，其特色是採用水墨技法，以墨色暈染武俠人生的悲歡慾念，知名作品如《刺客列傳》、《阿鼻劍》、《東周英雄傳》等畫冊。其中《阿鼻劍》是由文化出版業的名人郝明義以「馬利」筆名擔任合作編劇，再由鄭問以漫畫栩栩如生地呈現主角何勿生的今生繪影。而郝明義於 109 年 2 月間推出小說《阿鼻劍前傳〈卷一〉》，共有三卷陸續出書，則是交代主角何勿生的前世歷程。雖然已過世的鄭問不能再以水墨作畫，但透過生前合作搭檔馬利的磅礴筆觸，也寫意勾勒出多層次的武俠美學。

作家也需要伯樂的鑑賞與引介。三民書局的創辦人劉振強董事長於 106 年 1 月 23 日逝世，他畢生致力於出版事業，用心發掘及慷慨禮遇許多作家。而三民書局出版的各種書籍更是作育無數英才，陪伴莘莘學子邁向「打開一本書，看見全世界」的理想境界，這也是先人智慧財產傳承的體現！

我們或許會感嘆，現代人比較少花錢買書與讀書了，但不可否認，讀書確實可提升人們的精神涵養層次。我們日常的休閒娛樂除了看片追劇之外，也可考慮把書櫃裡陳年泛黃的書本拿出來翻閱。也許其中有些作者已經過世，但他們留下的智慧遺產可是永垂不朽！

◆ 人人都可以當作家及享有著作權

　　從人權理念來說，固然人生而平等，但在現實社會裡，卻是人有貧富貴賤。有錢人坐擁房子、土地、高額存款，窮人就顯得寒酸。然而從精神層面來說，未必有錢人就比較富有，有些更是窮得只剩下錢。在文明社會，只要有創作力，人人都可以當作家及享有著作權，但並不是每個人的著作都有很好的品質或市場銷量，畢竟名家鉅著還是有限。不過，窮人還是可能靠創作翻身致富，甚至傳承後代，這就是智慧財產的價值。

　　法律上所說的智慧財產權包括著作權、專利權、商標權、營業秘密等，而一般人最容易取得的智慧財產權就是著作權。著作權法所保護的著作是屬於文學、科學、藝術或其他學術範圍之創作，包括語文、音樂、戲劇、舞蹈、美術、著作、攝影、圖形、視聽、錄音、建築、電腦程式等著作類型，也涵蓋對原著作改作的衍生著作，或是對資料選擇及編排的編輯著作。著作不管是何種類型，只要具有某程度的創作性而非抄襲別人的著作，原則上都可以受到著作權法保護，而且一旦創作完成即取得著作權，不以登記註冊為必要。

　　隨著資訊與網路科技的進步，現今人們創作的工具與媒介變多了，社交平臺如臉書或是通訊軟體如 LINE 上發表的

各種內容如百花齊放，雖然有些內容只是複製貼上網路資訊而稱非其個人創作，但還是有不少人認真地以圖文或多媒體方式在發表著作。在網路時代，人人可說都是作家，但也可能因為天下文章一大抄，抄來抄去而侵害他人的著作權，因此越來越多的因為侵害著作權往地檢署與法院跑，不可不慎！

◆ 著作權的什麼可以繼承？什麼不能繼承？

　　繼承因被繼承人死亡而開始。繼承人自繼承開始時，原則上承受被繼承人財產上之一切權利、義務。著作權包括著作財產權與著作人格權。著作權也是繼承標的，但主要是指著作財產權，著作人格權則不能繼承。

　　著作財產權是具有經濟價值的著作權能，包括：重製、散布、出租、公開口述、公開播送、公開上映、公開演出、公開傳輸、公開展示、改作、編輯等權利。我們一般常見的拷貝就是指重製，而網路上的傳送資料影像就涉及公開傳輸。著作權人可透過合作開發、授權、轉讓來獲取著作權之經濟利益，著作權法則提供法律保障。自然人的著作財產權存續於著作人之生存期間及其死亡後 50 年。著作財產權可以作為繼承之遺產，例如古龍生前創作許多膾炙人口的武俠小說，其死後由兒子繼承著作財產權，而對涉嫌於網路上非法重製《邊城浪子》一書的侵權行為人提告求償（參見智慧財產法

院 99 年度民著訴字第 61 號民事判決）。

至於著作人格權則是涉及到著作人精神意志與人格尊嚴的著作權能，包括公開發表、姓名表示、不當變更禁止等權利。公開發表權是指著作人就其著作享有以發行、播送、上映、口述、演出、展示或其他方法向公眾公開提示著作內容的權利，著作人亦有權不對外公開發表其著作。姓名表示權是指著作人於著作之原件或其重製物上或於著作公開發表時，有表示其本名、別名或不具名之權利。不當變更禁止權則是指著作人享有禁止他人以歪曲、割裂、竄改或其他方法改變其著作之內容、形式或名目致損害其名譽之權利。

值得注意的是，著作人死亡或消滅者，關於其著作人格權之保護，視同生存或存續，任何人不得侵害（參見著作權法第 18 條）。但是著作人格權專屬於著作人本身，不得讓與或繼承（參見著作權法第 21 條）。而如果已死之人的著作人格權受到侵害，除其遺囑另有指定外，係由法定之人如配偶、子女、父母等依順序對於侵權人提出法律救濟如請求排除或防止侵害，或是表示姓名、更正內容或回復名譽之適當處分（參見著作權法第 86 條）。

◆ 珍惜先人留下的遺作

父母過世後，子女會尋覓及爭取遺產，但可別忘了父母

可能還有留下精神遺作。這些遺作可能是關於遺產如何分配的遺囑，也可能是父母教誨子女互相幫忙友愛的遺言。而令人驚喜的更應該是父母所留下的日記、手稿，甚至是詩詞畫作。子女可藉由閱讀父母遺作，在字裡行間追思冥想親人相處的往日情懷以及父母的人格典型。

此外，子女亦繼承了父母的著作財產權，說不定先人留下的遺產最有價值的不是世人所追求的金錢財寶，而是包括著作權在內的智慧財產。例如武俠小說大師金庸過世後，不僅留下價值連城的著作權給後代而可坐收豐厚的權利金，更留下曠世鉅著的武俠精神貢獻給華人社會，這才是真正的人類文化遺產！

八 人生金句：家庭上演爭產驚劇之法入不入家門？

誠然如俗語「家和萬事興」，家人和睦相處，全家則能興旺，然而家家有本難念的經，一旦遇到錢財糾葛，親兄弟難免也會明算帳，甚至上演爭產風波的人生「驚」劇。父母雖然可依法律進行財產規劃，但卻無法完全避免爭產驚劇的發生，最好是能扮演和事佬的角色，與家人開誠布公討論家務事，以調解取代訴訟，化干戈為玉帛！

現實生活、新聞報導中常會聽聞家人爭產的案例，讓人不勝唏噓！例如：

某大地主名下有多筆土地價值上億，該地主預先分配家產給兩個兒子，但哥哥認為分到的土地位置不佳，不滿父親分產不公偏好弟弟，竟憤而找人開車衝撞弟弟還追打成傷，兄弟鬩牆反目成仇。

某房產大戶將價值千萬的房屋賣給女兒卻未收錢，兒子認為是假買賣而吵得不可開交，甚至鬧上法院，即使官司最後打輸了，卻仍抗議司法不公並阻礙法院點交房屋。

某世界級指揮大師過世之後留下龐大遺產，他在生前

目睹親人在其面前爭產而未能安享晚年，死後的遺產繼承事務仍舊讓親人為此爭吵不休。相對於大師過往神采飛揚的指揮身影伴隨著蕩氣迴腸的悠揚樂章，沒想到竟落得晚景淒涼、走調變奏。

上述案例讓人感慨：人間瀟灑走一回即便賺得盆滿缽滿，終究要揮手告別不帶走一片雲彩。然而在死亡前與死亡後，不論是否已進行財產規劃，都可能衍生親人的爭產風波。金錢力量固然強大，卻也會讓人陷入貪、嗔、痴的無邊苦海！

◆ 法入不入家門？

我們處於法治社會，對於家事國事天下事，事事關心的同時，這些大小事也受到法律規範。關於法律責任，可分為民事、刑事及行政責任三種。以日常生活常見的車禍案件為例，車禍肇事者被受傷者要求賠償醫療費用與精神痛苦的慰撫金，屬於民事責任；肇事者涉嫌過失傷人而被檢察官起訴求處入獄服刑，即是刑事責任；肇事者因違規駕駛被主管機關科處罰鍰與吊照則是行政責任。國家設置法院及訴訟程序等制度，當社會發生法律責任的糾紛時，乃由法官擔任公正的第三者，依法審判以斷定是非曲直。

　　所謂「國有國法，家有家規」，然而過往「法不入家門」、「家醜不可外揚」及「清官難斷家務事」的傳統觀念已非金科玉律。家庭暴力防治法、兒童及少年福利與權益保障法等法律，已成為被害家屬的法律保護傘，而關於婚姻、監護、收養等家事案件亦有家事法院專責審理。此外，家人之間如果為了爭奪家產而有辱罵誹謗、動手傷人、侵奪財產等情事，皆可能衍生民事賠償與刑事處罰的法律責任，又如果因內部紛爭而遲未辦理繼承登記、未申報遺產稅，則需負擔被課處罰鍰的行政責任。

　　關於家人爭產，值得注意的現象是實務上常會演變成家人互告的局面，因為一個拍掌拍不響，當一方罵對方是小偷還動手打人時，對方通常也會罵回來並還手反擊，而彼此都可能會互相指控對方侵奪家產。一開始雙方都是火氣十足、堅持不讓，動不動就說要上法院，開口了若不提告又怕被看不起，然而在經年累月的纏訟後，大家都精疲力竭，感嘆冤冤相報何時了？

◆ **調解的紛爭解決之道**

　　《朱子治家格言》有謂：「居家戒爭訟，訟則終凶」。訴訟固然有助於透過國家法律來定紛止爭，然則需要花費相當的勞力時間費用，即使最後透過訴訟得到了法理的伸張，卻

可能將親情轉成仇恨。此外，家人如果對簿公堂，恐會讓外人看笑話，而父母在天之靈也會悲傷哀痛、淚如雨下。

常言道：「忍一時風平浪靜，退一步海闊天空」。我們可從更宏觀的角度來看法入不入家門的難題。

法律與訴訟固然可以處理家門恩怨，但未必是唯一或最優先的手段。紛爭解決其實還有其他機制，最好是能私下和解，但若是公說公有理，婆說婆有理，而有理說不清時，則有賴中立的第三人來居中調解以促成當事人達成調解協議。當父母還在世時，父母就是子女紛爭最好的調解者。畢竟父母是家裡的老大人，如同就國事調和鼎鼐的宰相一般，可有效解決家產爭議。

以家人爭產為例，特別對於家族企業來說更顯重要，如果父母在世時已擬預先分配財產，且可預期或已發生子女覺得分產不公而有嫌隙與爭執，父母宜趁自己意識清醒且居於共主地位時，召開家庭會議，不僅開誠布公細說緣由，也讓子女能充分抒發己見，經過良性的溝通，用愛心說誠實話，以達成可行的圓滿方案，就比較不容易發生不理性的爭產事件。

而若在父母過世之後，子女發生爭產事件，未必要直接打訴訟，也可透過鄉鎮市區公所的調解委員會與法院裡的調解委員等機制，由公正中立的第三者或俗稱的公道伯來進行

調解。好的調解委員會盡力在立場不同的當事人之間居中協調，分析利害關係，從情、理、法多元面向來促進雙方達成共識。如有必要，調解委員也可提出適當的建議方案供當事人審酌。調解的好處是可節省勞力、時間和費用、具有保密性與彈性、讓當事人有充分溝通協調的機會，也可兼顧理性與感性。此外，經過法院核定的調解協議具有與確定判決同一效力，可作為執行名義。最重要的是透過調解達成的方案是經過當事人雙方同意認可的，有助於維繫彼此情誼，且較有意願配合履行。

◆ 冤家宜解不宜結

古云：「多留餘地鋪明月，莫築高牆礙遠山」。家人之間如同打結般團結在一起，卻也可能結冤而糾纏不清，然而天底下沒有解不開的結，在訴求法律與訴訟一刀兩斷之前，家人最好還是透過調解尋求紛爭解決之道。我們需要樂活出來的是「家和萬事興」的人生金句，而不是上演家人爭產的人生「驚」劇。

諾貝爾文學獎得主泰戈爾在《新月集》收錄的〈我的歌〉一詩最末句寫道：「而當我的聲音於死亡時休止，我的歌曲將在你的心裡吟詠 (And when my voice is silent in death, my song will speak in your living heart.)」。在天上的父母也是如此

看待地上的兒女，希望家人和平共處繼續合唱晚安曲。以和
為貴，和氣生財！

結　語

　　人生於世，不斷發展親屬關係，包括有血緣關係的直系與旁系血親，或是經由婚姻關係而產生的配偶姻親。親屬陸陸續續過世先走，帶給活著的人無限哀戚。情感上的衝擊因人而異，如果不能做好心理調適，可能會走不出情感的黑洞。然而再怎樣悲痛難過，現實上終究還是要面對遺產繼承、親屬扶養及工作生活等經濟與法律的問題，必須要早點振作起來梳理一切，才能重新再出發。

　　老子說：「千里之行，始於足下」；莊子曰：「身為徭役，死為休息」。人生如果像一場路跑，路上的景色再怎樣風光明媚，收穫再怎樣豐富飽滿，跑到終點線時還是要放下。而邁入晚年階段，就是跑到最後一圈，開始倒數計時。除了計算時間之外，有的還會計算金錢、計算子孫、計算情義。有些長輩以為一切都算得很精，而且還留下豐盛的遺產給後代，可以好好安息了。沒想到死後卻發生爭產糾紛，若天上有知，也是會淚如雨下。

　　本書最後留下幾頁空白，有的是讓讀者可以看著留白而天馬行空地思考人生大事，有的則希望讀者利用這個留白，寫下遺囑、Living Will 及遺願。這是寫給自己看，提醒自己還活著，要認真度過餘生；也寫給子孫看，希望他們記住先人的叮囑，好好過自己的人生！

附錄：高年級議題之網路資源

A. 行政資源

項次	資源名稱	資源用途	QR Code
1	勞動部：退休、福祉業務專區	勞工退休及各種福祉相關資訊	
2	勞動部：舊制勞工退休金計算工具	計算舊制勞工退休金	
3	勞動部：新制勞工退休金計算工具	計算新制勞工退休金	
4	勞動部勞保局：勞工保險之老年年金給付計算工具	計算勞工保險之老年年金給付	

5	勞動部勞保局：國民年金保險之老年年金計算工具	計算國民年金保險之老年年金	
6	衛福部：長照 2.0 專區	老人長期照顧之相關資訊	
7	衛福部：全國老人福利機構名冊	全國各縣市之老人福利機構	
8	衛福部：預立醫療決定、安寧緩和醫療及器官捐贈意願資訊系統	預立醫療決定、安寧緩和醫療及器官捐贈意願等資訊	
9	主計總處：歷年各縣市平均每人月消費支出	以消費支出作為計算扶養費之參考	

10	內政部：歷年台閩地區簡易生命表	以建議生命表查得餘命，作為計算扶養費之參考	
11	司法院：霍夫曼一次給付計算工具	將未來分期給付之扶養費，折現一次給付	
12	內政部：全國殯葬資訊入口網	查詢殯葬相關服務資訊	
13	財政部國稅局：單一窗口查詢金融遺產暨遺產稅申報稅額試算服務專區	查詢當事人的金融遺產	
14	金融聯合徵信中心：當事人信用報告查詢資訊	查詢當事人的信用報告	
15	金融監督管理委員會：信託 2.0「全方位信託」推動計畫	查詢全方位信託業務	

B. 司法資源

項次	資源名稱	資源用途	QR Code
1	法務部：全國法規資料庫	查詢國內法規	
2	司法院：裁判書檢索系統	查詢國內各法院判決	
3	司法院：家事案件書狀範例	家事案件之書狀撰寫範例	
4	新北地方法院：繼承專區	查詢繼承之相關法律事務	

C. 民間機構資源

項次	機構名稱	機構用途	QR Code
1	中華民國信託業商業同業公會：高齡者身心障礙者財產信託專區	查詢老人相關之信託商品及服務	
2	財團法人法律扶助基金會	尋求訴訟之法律扶助	
3	中華民國老人福利推動聯盟	查詢老人福利相關問題與資源協助	
4	財團法人華山社會福利慈善事業基金會	查詢老人照護服務與參與公益活動	

5	愛長照網路平臺	查詢老人長期照顧之相關問題與資源協助	
6	社團法人台灣失智症協會	查詢失智老人相關問題與資源協助	
7	財團法人天主教失智老人基金會	查詢失智老人相關問題與資源協助	
8	合作金庫銀行：以房養老方案	查詢銀行推出之以房養老方案	

D. 制式契約與文件範本資源

項次	契約範本類型	契約用途	QR Code
1	內政部：殯葬服務定型化契約範本	查詢各類之殯葬服務定型化契約範本	

2	衛福部社會及家庭署：老人福利機構定型化契約範本	查詢各類之老人福利機構定型化契約範本	
3	法務部：意定監護契約參考範本	查詢意定監護契約參考範本	
4	衛福部：預定醫療決定書等文件	查詢預定醫療決定書等	
5	衛福部：死亡證明書	查詢死亡證明書	
6	財政部稅務入口網：單一窗口查詢金融遺產申請書	單一窗口查詢金融遺產申請書	

法律課小筆記

練習寫下您的遺囑、遺願、人生金句

國家圖書館出版品預行編目資料

高年級法律課2.0：律師教您規劃財產、避免受騙、
安頓生活、圓滿人生／陳佑寰著.－－二版一刷.－－
臺北市：三民，2024
面；　公分.－－(思法苑)

ISBN 978-957-14-7779-4　（平裝）
1. 老年 2. 法律諮詢

544.8　　　　　　　　　　　　　113003849

思法苑
THINK LAW

高年級法律課 2.0：律師教您規劃財產、避免受騙、安頓生活、圓滿人生

作　　者	陳佑寰
封面設計	初雨有限公司
創 辦 人	劉振強
發 行 人	劉仲傑
出 版 者	三民書局股份有限公司 (成立於 1953 年)

三民網路書店
https://www.sanmin.com.tw

地　　址	臺北市復興北路 386 號　　（復北門市）　(02)2500-6600 臺北市重慶南路一段 61 號（重南門市）　(02)2361-7511
出版日期	初版一刷 2021 年 1 月 二版一刷 2024 年 6 月
書籍編號	S586480
I S B N	978-957-14-7779-4

三民書局